国内外城市轨道交通事故案例评析

交通运输部道路运输司 编

人民交通出版社
China Communications Press

内 容 提 要

本书收集了近150年来国内外城市轨道交通发生的主要事故，重点分析了24个典型事故案例，内容涵盖火灾事故、爆炸事故、毒气事故、纵火事故、列车相撞事故、脱轨事故、停电事故、踩踏事故、乘客坠落站台事故、自然灾害造成的事故以及设备故障事故。本书在详尽介绍这些事故的基本情况和处置过程之后，认真总结了事故处置的经验、教训和启示。

本书可供交通运输主管部门和城市轨道交通运营单位的管理人员学习参考。

图书在版编目（CIP）数据

国内外城市轨道交通事故案例评析 / 交通运输部道路运输司编. —北京：人民交通出版社，2011.5

ISBN 978-7-114-09029-5

Ⅰ.①国… Ⅱ.①交… Ⅲ.①城市铁路－交通事故－案例－世界 Ⅳ.①U491.3

中国版本图书馆CIP数据核字（2011）第066620号

Guoneiwai Chengshi Guidao Jiaotong Shigu Anli Pingxi

书　　名： 国内外城市轨道交通事故案例评析
著 作 者： 交通运输部道路运输司
责任编辑： 顾孺鲁　黄景宇　王金霞
出版发行： 人民交通出版社
地　　址： （100011）北京市朝阳区安定门外外馆斜街3号
网　　址： http://www.ccpress.com.cn
销售电话： （010）59757973
总 经 销： 人民交通出版社股份有限公司发行部
经　　销： 各地新华书店
印　　刷： 北京虎彩文化传播有限公司
开　　本： 787 × 960　1/16
印　　张： 15.25
字　　数： 217千
版　　次： 2011年5月　第1版
印　　次： 2024年2月　第6次印刷
书　　号： ISBN 978-7-114-09029-5
定　　价： 58.00元

序

Xu

城市轨道交通是为人民群众基本出行提供普遍服务的重要基础设施，也是具有显著公益特征的民生工程。自1969年10月1日我国第一条地铁北京地铁1号线投入运营以来，中国城市轨道交通已走过了42年的发展历程。进入新世纪，随着我国经济社会的发展特别是城市化进程的加快，我国内地各大城市轨道交通步入快速发展阶段。截至2010年年底，我国内地已有12个城市开通了1400多公里的城市轨道交通运营线路，拥有城市轨道交通车辆6000多辆，2010年完成旅客运量55.7亿人次；"十二五"期间，还将新开通2200多公里城市轨道交通运营线路。预计到2020年，我国城市轨道交通运营里程将达到7000多公里。城市轨道交通具有运量大、快速、准时、安全、环保的突出特点和比较优势，日益成为构建多层次、高效能、立体化的城市综合交通运输系统的重要支撑，在城市客运体系中发挥着越来越重要的作用。大力发展城市轨道交通，加强城市轨道交通运营管理，是落实国家公交优先战略，保障人民群众便捷快速出行，缓解大城市交通拥堵的重要举措，也是完善城市功能，实现低碳可持续发展，加快城市现代化进程的客观需要。

城市轨道交通的快速发展和运行特点，对保障运营安全提出了新的挑战和要求。城市轨道交通的专业性、技术性强，涉及土建、车辆、供电、通信信号、运营管理等多门类技术和多种硬件设施设备，其安全运营是一项复杂的系统工程。城市轨道交通线路封闭、空间狭小、客流量大，安全事故防范难度大，发生事故后不易进行人员疏散。韩国大邱、俄罗斯莫斯科城市轨道交通事故，造成的人员伤亡极为惨痛。为此，必须加强城市轨道交通运营安全监管，建立健全安全监管、运营调度、应急预警等管理体系，才能够科学有效应对处置安全事故。

十一届全国人大一次会议通过的《国务院机构改革方案》，明确交通运输部负责指导城市轨道交通运营管理的职责。确保城市轨道交通安全运营，是交通运输部门的重要管理责任，也是一个全新课题，我们在这方面的经验积累少，需要吸取世界各国的经验教训。为提高人们对城市轨道交通运营安全的认识，增强大家的安全生产意识，有力预防和应对城市轨道交通安全事故，交通运输部道路运输司组织交通运输部科学研究院等单位编写了《国内外城市轨道交通事故案例评析》一书。该书搜集了近150年来国内外城市轨道交通发生的主要事故，内容涵盖火灾、爆炸、停电、毒气、相撞、脱轨、纵火、踩踏、乘客坠落以及自然灾害引起的事故等方面的案例，详尽分析了这些事故的基本情况和处置过程，认真总结了事故处置的经验、教训和启示。相信本书的出版发行，对城市交通运输主管部门和城市轨道交通运营单位加强城市轨道交通运营安全管理将起到重要参考作用。

交通运输部副部长

二〇一一年四月二十七日

目录

Mulu

第一章 概 述

自1863年世界上第一条地铁在英国伦敦开通以来，城市轨道交通已经走过了近一个半世纪的发展历程，并在世界上一些国家的主要城市得到了快速发展，伦敦、纽约、巴黎、东京等城市轨道交通网络已经形成。城市轨道交通已成为城市居民出行的重要方式，在一些大城市尤其是特大城市交通系统中，发挥着骨干和主导作用。

城市轨道交通系统客流集中、空间有限、封闭运行、通道狭窄，一旦发生恐怖袭击、火灾或运营事故，易引发浓烟毒气、高温缺氧、视线不清、通信中断等问题，严重影响救援和疏散工作，极易造成重大人员伤亡，带来重大政治和社会影响。因此，在国内外城市轨道交通运营中，如何避免运营事故发生，并在运营事故发生后最大限度减少人员伤亡，始终是城市政府及管理部门和城市轨道交通运营单位的重要任务。

城市轨道交通运营是一项极为复杂的系统工程，运营安全保障工作涉及轨道、车辆、机电、信号、运输组织等多个系统，任何一个环节稍有疏忽，就有可能造成重大事故。在过去的150年中，美国、俄罗斯、西班牙、加拿大、法国、英国、德国、葡萄牙、阿塞拜疆、日本、韩国等国家的城市轨道交通系统都发生过不同程度的事故，例如火灾、爆炸、毒气、人为纵火、列车相撞、列车脱轨、停电、踩踏以及乘客坠落站台等。这些事故造成了重大人员伤亡，留下了惨痛教训，值得我们总结教训、借鉴经验，采取相应的应对措施避免事故发生。

一、城市轨道交通事故基本情况

通过对收集的世界上主要城市轨道交通事故的分析，城市轨道交通事故主要包括火灾、爆炸、毒气、列车相撞、脱轨、停电、踩踏、乘客坠落、自然灾害和设备故障。火灾事故不仅发生次数最多，也是导致死亡人数最多的一类事故。

本书共收集城市轨道交通事故99起，其中火灾事故24起、爆炸事故15起、毒气事故1起、列车相撞事故16起。从事故数量的比例来看，火灾事故占24.2%，爆炸事故占15.2%，两类事故合计占事故总数的近四成。城市轨道交通事故数量分类统计见表1-1和图1-1。

城市轨道交通事故数量分类统计表　　表1-1

类别	火灾	爆炸	毒气	列车相撞	脱轨	停电	踩踏	乘客坠落	自然灾害	设备故障	总计
事故数量	24	15	1	16	13	7	3	14	4	2	99
比　　例	24.2%	15.2%	1.0%	16.2%	13.1%	7.1%	3.0%	14.1%	4.0%	2.0%	100%

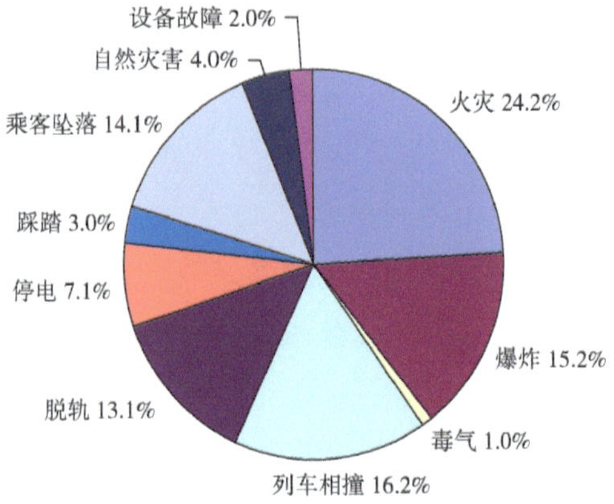

图 1-1　城市轨道交通事故数量分类统计图

从城市轨道交通事故导致的死亡人数来看，本书所收集的事故共造成 1432 人死亡，其中火灾事故造成 887 人死亡，爆炸事故造成 399 人死亡，火灾和爆炸事故是导致死亡人数最多的两类事故。从事故造成死亡人数的比例来看，火灾事故占 61.9%，爆炸事故占 27.9%，两类事故造成的死亡人数之和近九成。城市轨道交通事故死亡人数的分类统计见表 1-2 和图 1-2。

城市轨道交通事故死亡人数分类统计表 表1-2

类别	火灾	爆炸	毒气	列车相撞	脱轨	乘客坠落	踩踏	设备故障	总计
死亡人数	887	399	12	13	54	13	53	1	1432
比 例	61.9%	27.9%	0.8%	0.9%	3.8%	0.9%	3.7%	0.1%	100%

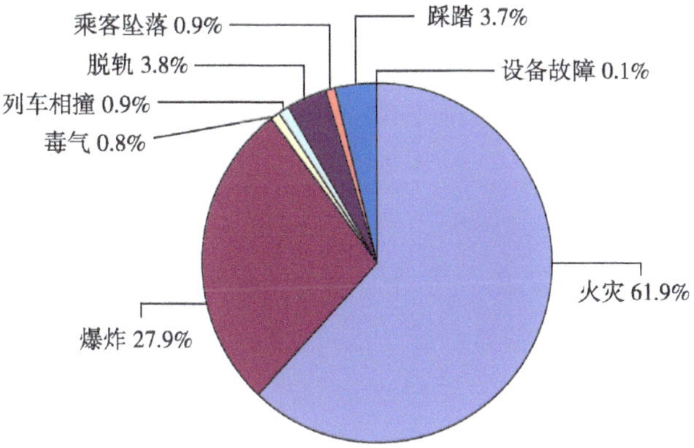

图 1-2 城市轨道交通事故死亡人数分类统计图

二、城市轨道交通事故原因分析

总体来讲，城市轨道交通系统发生事故主要有以下三个方面的原因。

（1）不稳定的政治因素与不和谐的多元社会文化，甚至社会矛盾等外部环境会导致针对城市轨道交通系统的某些极端暴力犯罪行为。由于城市轨道交通系统客流密集，一旦发生事故将造成重大社会影响，城市轨道交通系统的这一特点，使得它逐渐成为恐怖袭击的目标。针对地铁、机场等公共场所的恐怖袭击不仅会造成群死群伤，更会影响社会稳定，甚至造成政治动荡。1995 年 3 月 20 日，日本东京地铁沙林毒气袭击事件造成 12 人死亡，14 人终身残疾，5500 余人中毒。西班牙马德里、俄罗斯莫斯科、英国伦敦等城市在“9・11”事件之后也相继发生了多起针对地铁的恐怖袭击爆炸事件。2004 年 3 月 11 日，发生在西班牙马德里地铁的恐怖袭击爆炸事件不仅造成 201 人死亡，1500 多人受伤，甚至影响了西班牙政府在伊拉克战争问题上的重大决策，震惊国际社会。

（2）城市轨道交通系统本身的设备故障和人员操作不当也是导致事故发生的主要原因之一。城市轨道交通系统是由相互独立而又相互关联的多个子系统组成，轨道、车辆、通信信号、供电、售检票以及防灾监控等任何子系统发生安全隐患都可能导致运营事故。这不仅会造成列车运行延误甚至中断，严重时还会造成重大人员伤亡。1991年8月28日，美国纽约地铁由于车辆系统故障导致列车脱轨，造成5人死亡，100多人受伤。1995年10月28日，阿塞拜疆巴库地铁因列车电路故障发生火灾，由于列车驾驶员应急处置措施不当，火灾导致558人死亡。2005年7月11日，因车辆制动系统故障，日本东京地铁千代田线运营中断，1000多名乘客被困在列车内长达40分钟。

（3）停电、自然灾害、踩踏、乘客坠落等突发事件，也是导致城市轨道交通系统发生事故的重要原因。停电、自然灾害等突发事件可能对城市轨道交通系统的供电、给排水等设施设备造成危害。乘客不遵守安全乘车规则或运营管理人员工作疏忽都有可能引发踩踏或乘客坠落等事故。这类突发事件可能造成列车运营中断，甚至导致人员伤亡。2003年8月28日，英国伦敦地铁突然发生重大停电事故，大约25万人被困在地铁中。2003年11月7日，北京城铁13号线因大雪导致列车无法正常受电，运营中断约2小时。

三、加强城市轨道交通运营安全管理的启示

当前，我国城市轨道交通已进入快速发展时期，预计到2020年，我国开通的城市轨道交通运营里程将超过7000公里。城市轨道交通运营是一个涉及人员、设施设备和安全管理的大系统，十分复杂，技术性极强，容易发生各类事故。随着我国城市轨道交通运营里程的快速增长，运营网络不断扩大，运营环境将更加复杂，任何不可靠的设施设备状态、不安全的人为因素及管理问题，都有可能导致事故的发生。在我国城市轨道交通快速发展的形势下，分析国内外城市轨道交通运营事故的成因，归纳总结不同国家和城市应对典型事故的处置措施及经验教训，对我国交通运输主管部门加强城

市轨道交通运营安全管理工作、城市轨道交通运营单位建立更加完善的安全规章制度、提高我国应对城市轨道交通运营事故的防控水平，具有十分重要的意义。

1. 高度重视引发城市轨道交通事故的外部因素

城市轨道交通系统是一个相当复杂的系统，人员、设施设备、管理制度和社会环境等构成了事故发生的因素，这些因素的风险有可能引发城市轨道交通事故。其中，社会环境属于外部因素，由于城市轨道交通开放性强，社会环境造成的安全事故很难预防，具有较强的不可控制性和不可预知性。近年来，随着国际环境的不断变化，针对城市公共交通系统的恐怖袭击日益增多，国际环境的不断变化也有可能引发各类不稳定因素，因此，我们对此必须高度重视，并采取有效预防措施。

2. 在城市轨道交通规划、建设阶段充分考虑运营安全

城市轨道交通的规划、建设，应当充分考虑城市轨道交通运营安全的需要。安全管理应当体现在城市轨道交通规划、建设和运营的全过程中。城市轨道交通规划、设计阶段应当根据远期客流预测情况，预留充足的站内空间，避免大客流聚集风险；应当设计预留车站间的联络通道、紧急救援专用通道和逃生通道，方便开展救援和人员疏散。列车和车站设施建设应当使用阻燃或非易燃材料，防止火灾蔓延和产生有毒气体，并配备完善的消防系统和自发光应急疏散指示标志。车站的地面装饰应当尽量采用防滑材料，防止紧急情况下因地面湿滑阻碍疏散或救援。

3. 配备完善的安全设施设备

城市轨道交通安全设施设备应与城市轨道交通系统主体工程同步设计、同步施工和同步投入运营。城市轨道交通应当配备安检设备、视频监控系统、紧急报警电话、紧急停车装置、应急广播、应急照明设备、乘客疏散向导设备和各类消防器材等。城市轨道交通系统中的车辆、轨道、供电、机电、通信信号极为复杂，在各种外界因素干扰下，有可能发生故障，造成运营事故。因此，应做好城市轨道交通安全设施设备的日常维护和更新改造工作，及时发现问题并予以解决，最大限度地消除各类安全隐患，为安全运营提供充分保障。

4. 加强从业人员的培训教育和乘客安全乘车知识的宣传

城市轨道交通系统的运营安全涉及轨道维护、列车驾驶、机电设备管理、调度、站务等多个岗位，这些岗位的技术性和专业性极强，必须加强这些岗位人员的培训教育。尤其是驾驶员、调度员和车站综控员等关键岗位，必须经过培训考试合格后持证上岗。对城市轨道交通从业人员的培训教育包括法制、安全和职业道德等。此外，应加强对乘客的安全乘车意识教育，引导乘客遵守安全乘车规定，增加乘客的安全知识，并强化乘客的自救意识。

5. 完善应急预案并定期组织演练

为提高对城市轨道交通各类事故的应对能力，城市交通运输主管部门和运营单位应当建立完善的应急预案，明确应急管理职责，规范应急处置流程，并实施定期应急演练制度。城市交通运输主管部门和城市轨道交通运营单位应针对不同的事故，组织应急演练，增强应对突发事件的处置能力，尽最大可能减少事故造成的人员伤亡和财产损失。

第二章　火灾事故

近年来，随着城市轨道交通的迅速发展，城市轨道交通事故愈来愈引起人们的关注。火灾是发生频率较高的城市轨道交通事故，易造成重大人员伤亡和财产损失。仅本书收集的24起城市轨道交通火灾事故，就已造成近千人死亡，因此，城市轨道交通主管部门及运营单位需要对火灾事故的预防和应对引起高度重视。本章选取1987年英国伦敦地铁国王十字车站火灾事故、1995年阿塞拜疆巴库地铁火灾事故以及2005年北京地铁火灾事故作为案例，对事故的基本情况和处置措施进行了分析，并提出城市轨道交通火灾事故的预防和应对措施。

第一节　1987年11月18日英国伦敦地铁火灾事故

一、伦敦市轨道交通概况

图 2-1　伦敦地铁标志

伦敦是英国的政治、经济、文化中心，也是世界金融中心之一，面积约1580平方公里，2009年伦敦人口为770万。伦敦是世界上第一个开通地铁的城市，市内还有轻轨和独轨等其他轨道交通方式。截至2009年年底，伦敦已建成拥有11条线路的轨道交通网络，运营总里程为402公里，车站270座，图2-1为伦敦地铁的标志。地铁是伦敦市主要的交通工具，日均客流量达350万人次，全市约有1/3的居民出行都乘坐地铁，每年运送旅客超过10亿人次。伦敦市轨道交通线路如图2-2所示。

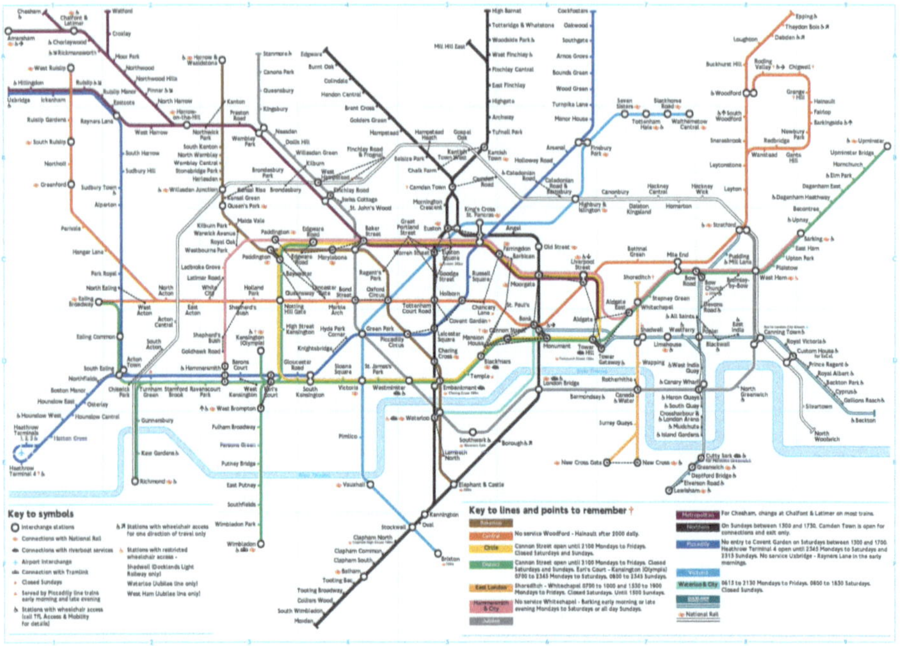

图 2-2　伦敦市轨道交通线路图

伦敦市的轨道交通受英国政府交通运输和环境等部门以及伦敦交通局的监管，伦敦市地铁公司负责地铁的运营管理。2000年7月，伦敦交通局成立，负责管理伦敦建成区范围内包括地铁在内的所有公共交通服务，主要职责是规划并制定运营线路、运营时间、票制票价并管理用于地铁及大部分公共汽车的牡蛎卡（Oyster Card），如图2-3 所示。

图 2-3　伦敦公共交通使用的牡蛎卡

为确保伦敦地铁运营的有序和安全，伦敦市构建了多级管理、职责明确的城市轨道交通运营管理体制，伦敦市政府下设伦敦交通局，伦敦交通局负责指导伦敦市地铁公司的运营，具体的管理组织机构如图2-4所示。伦敦市地铁公司设置了专门针对运营安全的办公室，下设运营、维修、安全、服务开发、更新改造、法律等部门，各部门均围绕运营安全开展工作。在这种安全运营管理体制下，伦敦地铁在运输组织、应急处置以及各种设施设备可靠性等方面均把运营安全放在首位，以确保乘客和地铁职工的生命安全。

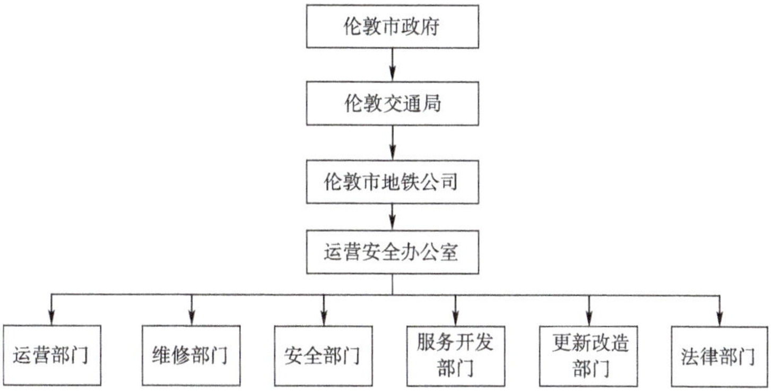

图 2-4　伦敦市轨道交通运营安全管理组织机构图

伦敦市为确保城市轨道交通的运营安全，采取了以下措施：

（1）建立完善的安全预防体制。为有效应对伦敦大区的重大突发事件，1973年伦敦大区成立了由英国交通警察总局、伦敦大区警察厅、伦敦市警察局、伦敦市消防局、伦敦市急救中心和地方政府组成的应对突发事件的联络小组。在伦敦大区警察厅的主持下，联络小组每3个月召开一次联席会议，讨论并适当修改应对突发事件程序，充分发挥各部门联合行动的效力。联络小组还制定了《应对重大突发事件程序手册》，并在2007年对该手册进行了第七次修改。在“9・11”事件之后，英国当局还启动了各种反恐机制，对地铁安全设施设备的性能进行改造，同时进行过多次反恐袭击、反核武器袭击、反生化武器袭击等演练活动。另外，政府还向所有的伦敦家庭发放反恐处置宣传手册，提供紧急援助的建议、联系电话和实际操作方法等实用信息。

（2）成立专门的紧急情况处理小组。伦敦地铁公司设置了专门的紧急情况处理小组，该小组的专家负责处理地铁中发生的所有重大事件，包括列车脱轨、轨道断裂、列车故障、隧道进水和乘客跳轨等问题。在2005年7月7日伦敦地铁爆炸事故后，伦敦地铁公司紧急情况处理小组协调伦敦其他应急处理部门开展救援工作。此外，伦敦消防队也接受伦敦地铁紧急情况处理小组提供的安全和救援技术训练。伦敦市政府计划让10个消防分队接受地铁应急处置的培训，使之成为伦敦市专门处理地铁事故的消防部门。

（3）采用先进的安全设施。伦敦地铁采用了先进的监控设施，全市地铁内共有10000多台监控设备。车站出入口、车厢、通道和隧道内都安装了自动监测、安全检查和记录设备，可及时发现可疑行为，为警方及时采取处置措施提供线索。为防止进站乘客过多引起拥挤踩踏事故，进站口还配有自动关闭设备。当进站乘客过多，发生拥挤时，进站口便会自动关闭，同时车站工作人员开始组织疏导乘客，从而降低事故发生的可能性。另外，伦敦地铁公司在大部分地下车站内还安装了“快速追踪”火灾探测与报警系统，该设备不但可以探测烟雾与热量，还包括了遥控关门设备、应急有线广播系统、防火阀控制装置等安全防火设施。地铁内的绝大部分设备都使用阻燃材料，最大限度地降低了火灾发生的可能性。值得一提的是，伦敦市政府还要求伦敦地铁职员每两年必须强制参加一次火警安全培训，组织职工学习预防火灾的最新知识，提高应急救援的技能。

二、事故基本情况

1987年11月18日，格林威治时间晚上19点29分，英国伦敦国王十字车站发生重大火灾。国王十字车站是伦敦最大的轨道交通枢纽，共有5条线路在此站交会，并与英国铁路系统衔接。1987年，该站是伦敦地铁网络中最繁忙的车站，平均每天有25万多名乘客通过。此次火灾事故最终造成31人丧生（其中有1名消防员），100多人受伤。事故发生后，经询问目击者和车站工作人员、召开听证会、进行技术勘查和模拟试验等调查后确定，火灾是点燃的火柴梗引起的。具体情况是一名乘客点烟后将点燃的火柴梗扔到正在运行的自动扶梯上，火柴梗穿过踏板和踢脚板之间的缝隙，落在自动扶梯的运行导轨上，引燃了导轨上的润滑油、碎屑、踏板背面的油脂以及扶梯下积聚的可燃物，从而使自动扶梯首先起火，而后很快蔓延到售票大厅。图2-5所示为国王十字车站现在的情景，

图2-6是火灾前的木质扶梯，图2-7是被烧毁的扶梯。

图 2-5　伦敦地铁国王十字车站

此次火灾事故发生后，各国媒体纷纷进行了报道。有媒体认为，此次事故与政府减少地铁运营支出，导致清洁人员数量大幅缩减有关。英国《星期日泰晤士报》报道说："地铁工会领袖发表演说，由于英国政府实行减少资助地铁运营的经济政策，导致国王十字车站的清洁人员由14人削减到仅有2人，且缺乏足够的人员力量从事防火工作。"英国部分报纸认为伦敦地铁缺少最起码的安全设施。1985年伦敦地铁牛津站发生火灾后，有关专家曾建议在地铁内安装烟雾探测器、火警报警器和自动喷水灭火系统等防火设施，改进迷宫般的地铁出入口及疏散通道，但由于经费不足，这些有益的建议均未被采纳。另外，美国媒体报道称，引起国王十字车站火灾的原因也可能是一只被丢弃的未熄灭的烟头。

图 2-6　火灾前的木质扶梯

图 2-7　火灾之后被严重烧毁的扶梯

三、处置措施

当日19点29分，乘客发现了4号自动扶梯下起火，随即按下扶梯顶部的紧急停止按钮，并报告车站工作人员。车站工作人员试图用二氧化碳灭火器灭火，但无法接近火源。

19点35分，地铁工作人员向伦敦苏豪区消防局和距离国王十字车站最近的尤斯顿消防局报告火灾。消防局立即赶往救援。

19点39分，警察决定疏散售票厅内的乘客，并通过电话要求调度员命令所有列车不要在国王十字站停靠，车站也停止售票。

19点43分，消防员抵达，消防局第一辆消防车到达事故现场，消防局命令售票厅内的工作人员撤离，但未将火警通知车站内的所有员工。消防队长进入地铁内侦察火情。此时仍有列车进站和乘客上下车，但售票厅内温度急剧升高，并产生了浓烟。

19点45分，第一辆消防车刚抵达2分钟，尚未开始灭火，此时自动扶梯上端和售票厅内发生轰燃。消防队员带领部分乘客离开售票厅，其他乘客、部分警察以及地铁职工也紧急撤离现场。此时，有些人被严重烧伤，乘客和车站工作人员惊慌失措，现场秩序十分混乱，30名乘客当场死亡。消防队长在协助一名被严重烧伤的乘客接近安全出口时，被浓烟夺去了生命。被困在车站内的人们在撤离过程中发现疏散通道上的两扇折叠门被锁闭，无法及时逃生。

20点5分，伦敦消防总队的助理支队长到场指挥，要求增派消防力量。消防车迅速增加，总数达30辆，共有150多名消防员参加灭火救援工作。21点48分，火势被控制，次日1点46分，火灾才被扑灭，搜索和抢险工作一直进行到黎明。

事故发生后，英国女王伊丽莎白二世对这一灾难性事件表示震惊，英国运输大臣赶往火灾现场指挥抢救工作，并表示政府将就此次事件进行全面调查。伦敦市警察、交通部门紧急组织做好乘客疏散工作，伦敦地铁公司实施应急预案，调度救援列车转移乘客。英国首相撒切尔夫人在火灾后亲自前往医院探望伤者，稳定市民紧张情绪。伦敦市地铁火灾事故从发现起火到扑灭大火经历了6小时17分钟。

事故的处置过程如图2-8所示。

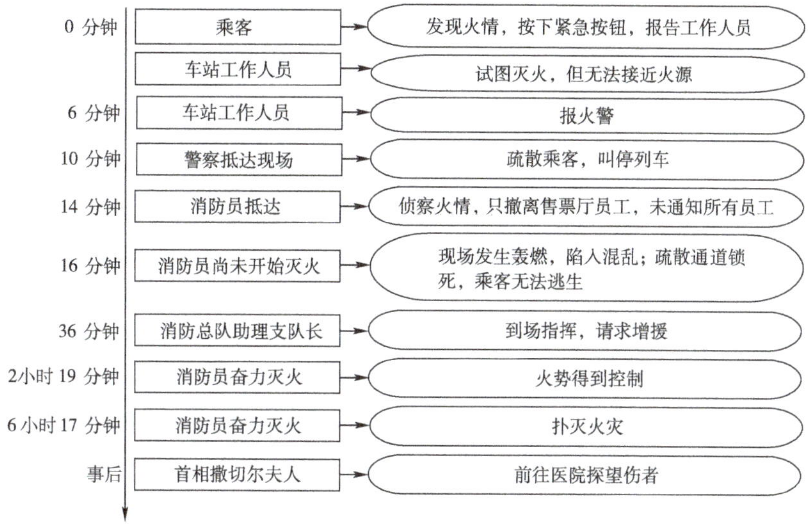

图 2-8　伦敦地铁国王十字车站火灾事故处置流程

四、教训及启示

1. 存在的问题和漏洞

（1）政府在地铁内禁烟规定落实不力。国王十字车站火灾之前，伦敦地铁的牛津站也曾发生过火灾。为此，伦敦市政府于1985年2月发布了“禁止在地铁吸烟”的禁令，但仍有许多乘客违反这一规定，在搭乘自动扶梯离开车站时吸烟。这一现象并未引起伦敦地铁公司的足够重视，地铁公司没有落实禁止在车站内吸烟规定，没有在车站自动扶梯附近等火灾易发区域设置醒目的“禁烟”标志，最终导致了这场火灾的发生。

（2）木质电梯存在安全隐患。国王十字车站的自动扶梯是在1939年安装的，扶梯的扶手、侧板、楔形踏板和踢脚板均为木质，很容易起火。据不完全统计，伦敦地铁46%的火灾和阴燃发生在这种自动扶梯上。这说明该扶梯存在严重安全隐患，需要进行技术改造和定期清洁，而伦敦地铁公司迟迟没有对扶梯进行技术改造，也没有认真落实对扶梯进行清洁等维护制度。此次起火的4号自动扶梯从未彻底清除过内部积累的易燃物品。

（3）地铁工作人员日常防火意识不足。尽管伦敦地铁内配备了用于日常防火的设施，但地铁工作人员防火意识不足，并没有有效使用这些设施。发生此次火灾事故的国王十字车站在1948年安装了水喷雾装置，列车停运后应当使用该装置来避免可能出现的阴燃，通常每两个星期使用一次。然而，经过事后调查，此次火灾发生之前，地铁工作人员已有很多年没有定期使用水喷雾装置了。

（4）地铁工作人员缺乏消防训练。地铁工作人员缺乏消防训练，主要体现在以下几个方面：①发现火情报警不及时。有人称在18点30分左右就闻到异味并报告，而伦敦市消防局在19点36分才接到地铁工作人员的报警。②火灾初期处置不当。在火灾刚发生时，地铁工作人员没有启用水喷雾装置，而是用二氧化碳灭火器灭火，最终导致无法接近火源，结果因火势蔓延而灭火失败，从而错过了控制火情的有利时机。③火灾信息播报不全面。尽管地铁公司在火灾发生时及时进行了广播，但并未足够重视。火灾场面失控后，地铁公司没有及时广播火灾的详细信息，更没有利用广播系统引导乘客疏散。④消防设施不完善。地铁工作人员对地铁消防设施日常维护不到位，导致遇到火情时疏散通道不能及时开启，无法保证疏散通道畅通，延误了乘客的逃生时机。

（5）消防救援组织不力。一方面，到场消防人员在对地铁内复杂的空间结构不了解的情况下，没有按要求佩戴防烟呼吸器。增援的消防队员进入地下进行扑救和疏散时，未考虑到便携式无线电话机可能失效，致使地下火灾现场救援人员和地面指挥中心失去联系，无法有效开展调度指挥，救援工作陷入困境，最终导致在轰燃一个小时后还没有制订出有效的灭火方案。另一方面，乘客被浓烈的烟雾困在售票厅内，有毒气体使得许多人昏迷乃至窒息时，消防员要求地铁列车加速通过车站，希望用它们造成的强大气流，带走燃烧木材、橡胶、塑料等可燃物产生的浓烟，然而这一错误决定导致列车带来的空气不但不能驱散有毒气体，反而助长了火势的蔓延。

（6）公众缺乏自救意识。火灾发生时，几百名乘客乱作一团，失去理智，在大厅中盲目奔逃，甚至堵塞了疏散通道，使得乘客不能准确判断出安全出口，丧失了迅速逃离火灾现场的机会。由于现场混乱，消防员需要花费更多的时间和精力去引导无序的乘客疏散，并疏通救援通道，这在很大程度上延误了救援工作。

2. 本次事故处理的成功之处

总体来看，伦敦地铁火灾事故由于预防措施不到位，组织疏散不及时，处理措施不得当，最终造成30多人死亡。但事故处置过程中也有可借鉴之处：一是消防员探明起火点后派人封锁危险出口，防止乘客惊慌中闯入危险地带，引导乘客准确找到有效疏散通道，避免了伤亡人数的进一步扩大；二是地铁公司根据火势情况，迅速组织应急调度，果断研究制订疏散方案，安排列车运送被困人员到达安全地带，使得许多乘客和工作人员得以幸免，这对于挽救被困乘客和工作人员的生命起到了十分重要的作用，对同类事故的人员疏散工作具有借鉴意义。

3. 本次事故的启示

（1）切实消除火灾隐患。消除火灾隐患，应当做好以下工作：一是城市轨道交通设施应使用阻燃材料。引发国王十字车站大火的一个重要因素就是车站售票厅使用了大量的木制材料和非阻燃油漆，例如扶梯、吊顶板、广告牌等。木质材料本身易燃，加之未使用阻燃油漆与外界隔绝，遇到明火极易燃烧。因此，对于已投入使用的非阻燃材料设施设备，应当及时更换并做好日常安全维护工作。二是做好消防设施设备定期检修工作，确保完好有效。本次事故由于部分疏散通道不畅通，许多乘客错过了最佳逃生时机。日常运营过程中也未有效使用水喷雾装置，未能及时避免阴燃。所以，必须加强消防设施设备的安全管理，严格执行规定章程，确保火灾发生时各种消防设施能够正常运转。

（2）增强城市轨道交通工作人员安全意识。增强城市轨道交通工作人员安全意识要从以下两个方面入手：一是要提高员工警惕性，做到遇火情早发现、早上报。在此次事故中，工作人员在乘客最初报告发现异味时麻痹大意，未及时检查、核实。如果尽早处理，火灾或许可以避免。二是要增强员工安全检查意识。员工忽视日常安全检查，是此次事故发生的重要原因之一。在日常工作中，必须不断加强教育，开展经常性的安全生产创建活动，使全体员工居安思危，防微杜渐，不断增强安全意识、灾害意识，更加自觉、更加主动地维护乘客的人身和财产安全。

（3）加强城市轨道交通消防演练，增强员工应急处置能力。在此次事故的救援过程中，车站工作人员面对突发火灾时手足无措，没有充分利用车站有线广播，也没有启用闭路电视系统，不能迅速将车站空间布置图提供给消防人员使用，这些充分暴露了员工消防演练不到位，处置能力较差等问题；另一方面，地铁公司没有预先制订应急预案，导致列车调度不合理，仍有载客列车因未收到火灾警告驶入火灾现场，乘客疏散混乱无序。城市轨道交通运营单位必须高度重视突发事件的应急处置能力，努力做好员工消防培训工作，制定火灾应急预案，不断提高全体员工特别是关键岗位的应急处置能力。

4. 事故后的改进措施及效果

此次事故后，英国政府要求地铁系统全面禁烟，加强安检措施，并完善了针对地铁火灾的法案。1989年，英国政府出台了《地铁火灾预防法令》。2009年，在伦敦交通部门、消防部门、英国铁路路网公司及地铁部门的共同努力下，英国政府制定了新的《地铁车站消防安全指南》。新的规定保留了根据国王十字车站火灾事故制定的安全标准，同时增加了关于消防培训及救援方案的具体规定，2009年11月该规定开始实施。

同时，英国地铁系统改进了安全设备并加强了对火灾事故的预防。伦敦地铁公司更换了木质升降梯，新升降梯中均安装热侦测装置和自动喷淋装置，并对地铁系统的消防安全设备全面检查，更新了大量消防设备。目前，伦敦大部分地铁站都安装了火灾探测和报警系统、应急有线广播系统、防火阀控制装置等安全防火设施，预防和应对火灾事故的硬件设施得到了极大改善。

此外，此次事故给英国政府带来了沉痛的教训，为纪念此次事故中的遇难者，英国政府在国王十字站设立了纪念碑，如图2-9所示，警示地铁火灾事故对社会造成的严重危害。

图 2-9　国王十字车站 1987 年火灾事故纪念碑

第二节　1995年10月28日阿塞拜疆巴库地铁火灾事故

一、巴库市轨道交通概况

巴库是阿塞拜疆共和国的首都，是全国的政治和文化中心，也是重要的石油基地和经济中心。巴库位于里海西岸阿普歇伦半岛南部，是外高加索第一大城市，面积约2200平方公里，2008年时人口约300万。

地铁是巴库市重要的交通方式，巴库地铁的标志见图2-10。截至2007年年底，巴库共有2条地铁线路，总运营里程29.87 公里，有车站20座，其中7座是深埋式车站，图2-11为巴库市的地铁线路图。从2000年到2007年，巴库地铁的年客运量从8890万人次增加到1.7亿人次。

图 2-10　巴库地铁标志

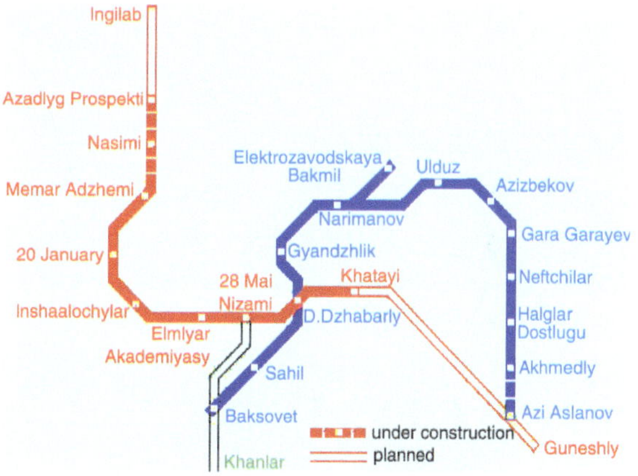

图 2-11　巴库地铁线路图

巴库地铁管理局（图2-12）负责巴库地铁的运营管理，该局成立于1966年，隶属于共和国部长办公室，是一个独立的机构，实行单独的经济核算和预算补贴机制。巴库地铁管理局下设行车、车辆、线路、供电、消防等12个部门。

巴库地铁每个车站的装饰设计都采取了不同的风格，体现了当地悠久的历史文化。图2-13是巴库地铁尼扎米站的站台一景。

图 2-12　巴库地铁管理局

图 2-13　巴库地铁尼扎米站

二、事故基本情况

1995年10月28日18点左右，一列5辆编组、载有约1500名乘客的地铁列车在刚离开巴库地铁阿尔达斯站200米后，第四节车厢尾部因电气设备故障发生起火，产生了大量的烟雾和有毒气体，列车驾驶员发现事故并将列车停靠在隧道中。列车停止时，第一、二、三节车厢还没有烟雾，第四节车厢火势还没有蔓延，乘客开始撤离。很快，列车出现火光，车厢内的照明设施全部熄灭，由于列车内的设施多由易燃的化学合成材料制成，火势迅速扩大并向第五节车厢蔓延。列车两端的两个紧急出口只有通过人工方式才能打开，但拥挤的人群抵住了车门，乘客不得不击碎车窗玻璃逃生，浓烟很快进入车厢。隧道里的烟雾掩盖了灯光，能见度很低，乘客秩序混乱，发生踩踏。列车内设施燃烧产生了大量有毒气体，许多乘客在浓烟中窒息。

由于火灾事故发生在隧道中，列车无法驶出，致使救援工作和乘客逃生极其困难，大火一直燃烧了十多个小时，直到第二天清晨才被完全扑灭，整个隧道和车厢内都是尸体残骸。火灾最终造成558人死亡，269人受伤。

三、处置措施

事故发生后，巴库地铁管理局立即组织展开救援工作。列车驾驶员很快发现火灾事故，然而却把列车停在距阿尔达斯站200米的隧道内，下车用隧道里的应急电话向调度中心报告，请求切断列车电源。驾驶员打开第一节车厢门，大量乘客沿着轨道路堤往下爬，向列车尾部撤离，然后走向阿尔达斯站。随后，火势增大并充满第四节车厢，截断了第一节车厢乘客的撤离路线，大量乘客互相踩踏，秩序混乱。15分钟后，消防队到达阿尔达斯站，并成功救出了370名乘客。由于没有足够的应急呼吸设备，消防人员无法继续进行任何有效的营救措施。事故的处置过程如图2-14所示。

四、教训及启示

1. 存在的问题和漏洞

（1）列车驾驶员处置错误。

事发时，列车驾驶员在已经察觉到发生火灾事故的情况下，没有按照规定将列车开出隧道，然后再采取救援措施，而是错误地把列车停靠在距阿尔达斯站200米的隧道内，导致消防人员难以在有效时间内接近燃烧车辆进行扑救。由于无法打开车门紧急出口，被困乘客只能纷纷打碎车窗玻璃逃生，现场秩序十分混乱。

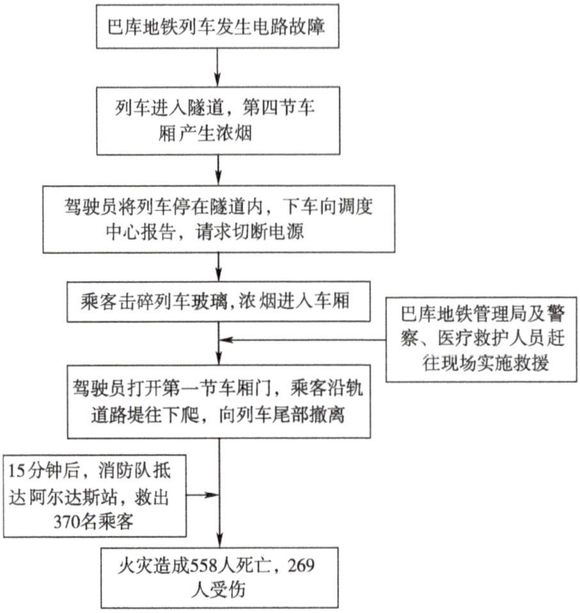

图 2-14　巴库地铁火灾事故处置过程

（2）地铁车厢采用易燃材料。巴库地铁多采用20世纪60年代生产的列车。据调查，死亡的558名乘客中多数不是被烧死的，而是因毒气窒息而死。阿塞拜疆专家认为，造成大批乘客死亡的原因就是麻痹神经的毒气，它来源于陈旧列车内装饰的可燃化学合成材料的燃烧。发生事故的地铁车厢的主要材料是钢，门由铝制成，地板采用亚麻材料，座椅由膨化的泡沫塑料和木头制成，内壁和天花板则由塑料压板制成，地铁车厢大部分材料采用了易燃物质，燃烧会释放出大量有毒气体。

（3）事故救援水平滞后。在此次事故中，救援力量不足，地铁站缺乏必要的救援设备，如应急照明和防烟滤毒设备。同时，救援措施不力，致使救援工作进展缓慢。

2. 本次事故的启示

（1）避免起火列车在隧道内停车。高温烟雾气流本身具有减光性、毒害性等特点，隧道内的高温烟雾气流情况更为复杂，发生火灾事故时，隧道内的高温烟雾难以及时排出，极易造成群死群伤事故。本次事故中，列车驾驶员本可以将列车开出隧道，但由于应急处置经验不足，将起火的列车停在隧道中，致使救援队伍不易接近起火车辆，大大增加了救援和逃生的难度，导致乘客吸入有毒气体窒息而死。因此，当列车在隧道内起火时，驾驶员应迅速将火灾情况向控制中心报告，同时将列车运行至前方车站停车，并通过广播等方式稳定乘客情绪。前方车站要提前做好乘客疏散和灭火准备工作。

（2）强化相关人员应急处置能力。列车驾驶员是城市轨道交通系统中非常重要的工作岗位，肩负着妥善处理列车突发事件，保障乘客生命财产安全的重大责任。因此，要加强对城市轨道交通工作人员特别是列车驾驶员的应急处置能力培训，不断增强安全责任意识，切实提高应急处置水平，做到临危不乱、镇定应对，采取正确的措施处理险情灾情，尽可能地将人员伤亡和财产损失情况降至最低。

（3）地铁设施设备应采用阻燃材料。巴库地铁设施设备材料易燃，起火时释放出的有毒气体是造成大量人员伤亡的重要原因。因此，列车及车站的设施设备应采取阻燃材料，防止火灾时乘客吸入有毒气体窒息死亡。

第三节　2005年8月26日北京地铁火灾事故

一、北京市轨道交通概况

北京是我国的政治、文化中心，全市面积16410平方公里，2009年常住人口共计1755万人。截至2010年年底，北京市的轨道交通共有14条运营线路，包括1号线、2号线、4号线、5号线、8号线、10号线、13号线、15号线、八通线、昌平线、大兴线、房山线、亦庄线和机场线，运营线路总里程336公里，共有198座运营车站。图2–15为北京市轨道交通线网图。北京市地铁运营公司主要负责除4号线及大兴线之外的12条线路的运营，4号线及大兴线由北京京港地铁公司负责运营，图2–16所示为4号线魏公村站。

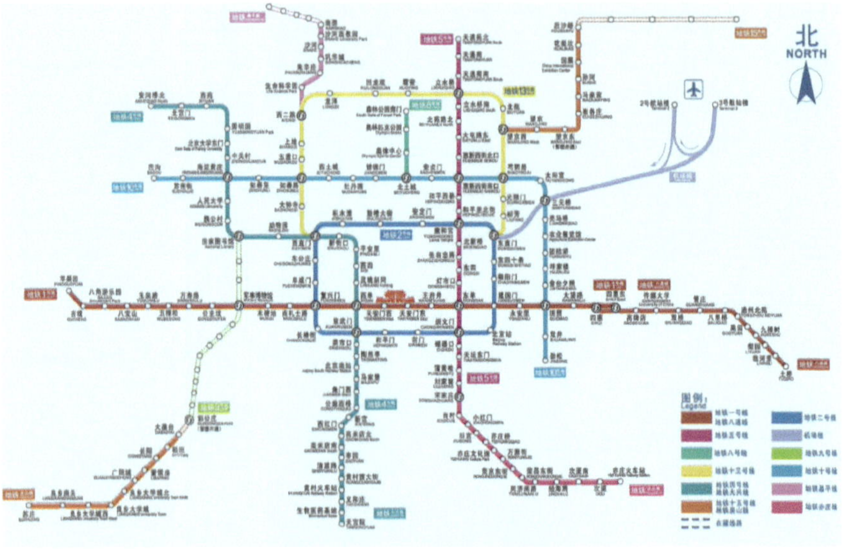

图 2–15 北京市轨道交通线网图

图 2–16 北京地铁 4 号线魏公村站

2009年，北京市居民各种交通方式出行构成中（不含步行），公共交通（轨道+公共汽（电）车）比例为38.9%，较2008年增长了2.1个百分点，其中轨道交通客运量约占10%，较2008年提高了2个百分点。2010年，北京地铁日均客运量超过500万人次，轨道交通在公共交通中承担的客流比例逐渐增加，为缓解北京市交通拥堵发挥了重要作用。

为应对北京市轨道交通突发事件，在北京市应急部门的统一领导下，市交通安全应急指挥部负责全市轨道交通运营突发事件的应急处置工作，应急处置部门主要包括市交通安全应急指挥部、市交通安全应急指挥部办公室、市轨道交通指挥中心及市交通委员会，各部门的职责如下：

北京市交通安全应急指挥部由总指挥、副总指挥和成员单位组成。总指挥由市政府分管副市长担任，负责全市轨道交通运营突发事件应急指挥的领导工作，对全市轨道交通运营突发事件应急工作实行统一指挥。市交通安全应急指挥部应对轨道交通运营突发事件的职责包括：①研究制定本市应对轨道交通运营突发事件的政策措施和指导意见；②负责指挥本市轨道交通运营突发事件的具体应对工作；③分析总结本市轨道交通运营突发事件应对工作，制定工作规划和年度工作计划；④负责市交通安全应急指挥部所属专业应急救援队伍的建设和管理；⑤承办市应急委交办的其他事项。

北京市交通安全应急指挥部办公室作为常设办事机构，办公室主任由市交通委主任担任，主要负责组织、协调、指导、检查轨道交通运营突发事件的预防和应对工作。职责包括：①组织落实市交通安全应急指挥部的决定，协调和调动成员单位应对轨道交通运营突发事件相关工作；②组织制订、修订本市轨道交通运营突发事件专项应急预案和部门应急预案，指导市轨道交通指挥中心及轨道交通运营单位制定、修订相关应急处置预案；③负责发布蓝色、黄色预警信息，向市应急办提出发布橙色、红色预警信息的建议；④负责本市应对城市轨道交通运营突发事件的宣传教育和培训工作；⑤负责收集相关工作信息，及时上报重要信息；⑥负责组织本市轨道交通运营突发事件的应急演练；⑦负责本市轨道交通运营突发事件的隐患排查以及相关应急资源的管理工作；⑧负责本市轨道交通运营突发事件应急指挥技术系统的建设与管理工作；⑨负责市交通安全应急指挥部专家顾问组的联系工作；⑩承担市交通安全应急指挥部的日常工作。

北京市轨道交通指挥中心在市交通安全应急指挥部办公室的协调指导下，负责轨道交通运营突发事件的具体处置工作，主要职责：①组织制订、修订轨道交通运营突发事件应急处置预案，审查轨道交通运营单位突发事件应急处置预案；②负责协调指挥轨道交通运营单位实施轨道交通运营突发事件应急处置工作；③负责及时向市交通安全应急指挥部办公室报送突发事件应急工作信息，负责根据现场情况提出轨道交通停运、抢险增援等应急处置建议；④参与配合轨道交通运营突发事件的总结和调查评估工作；⑤承办市交通安全应急指挥部办公室交办的其他事项。

北京市交通委员会负责交通行业内各单位的应急组织协调工作、负责督促落实应对城市轨道交通运营突发事件的处置措施，参与配合城市轨道交通运营突发事件的调查评估。

二、事故基本情况

2005年8月26日上午7点23分，北京地铁2号线一列内环列车由于排风扇电路老化短路在朝阳门站引发火灾，但列车内没有出现明火。列车驾驶员在调度员的指挥下将列车驶回积水潭车辆段，列车在经过和平门站时出现明火，冒出浓烟并发出异味。内环地铁停运50多分钟，由于是上班高峰，大量乘客不得不改乘地面交通工具，南二环和西二环部分路段出现了较严重的拥堵。此次事故没有造成人员伤亡。

事故发生后，各方媒体对该次事故情况进行了报道，认为地铁1、2号线的列车使用年限过长，技术等级低，安全隐患较多，需要进行老旧车辆的更换，以消除因设备老化和系统缺陷而带来的安全隐患。

三、处置措施

事故发生后，北京市地铁运营公司立即启动应急预案，车站管理人员立即疏散车内乘客，调度员命令驾驶员将列车驶回积水潭车辆段。同时，外环列车继续运营，环线各车站发布通告，建议乘客乘坐外环线路或选择地面交通工具，西直门站采取暂时限流措施，13号线不再发售与2号线的联票。车站工作人员持扩音器解释事故原因并指挥乘客有序乘车。

7点40分左右，和平门站东南口通风井冒出浓烟，公安、消防和急救人员立即赶到和平门站东南口待命，和平门站的四个入口被封闭。8点30分，事故处理完毕，地铁内环线恢复运营。事故的处置过程如图2-17所示。

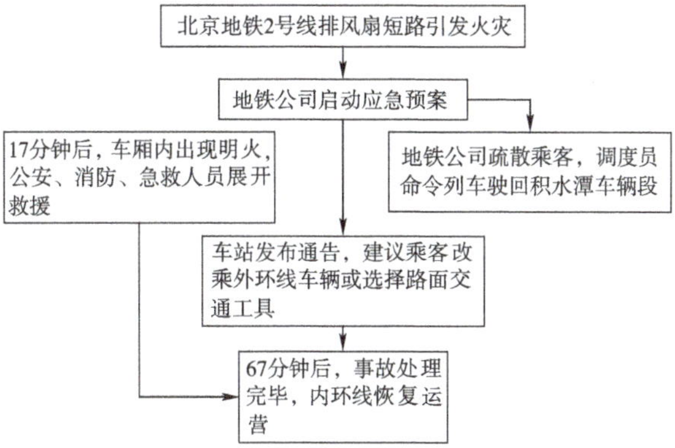

图 2-17　北京地铁 2 号线火灾事故处置过程

四、教训及启示

1．存在的问题和漏洞

（1）车辆本身存在安全隐患。此次事故是一名乘客最先闻到焦煳味发现的，经公安、消防和地铁公司调查，发生故障的列车已运行20多年，车辆没有火灾报警系统，存在一定的安全隐患，由于列车内没有火灾探测装置，列车驾驶员无法及时掌握火灾信息。由于老式列车中没有安装有效的火灾传感设施，地铁运营公司无法及时发现此类危险因素，这对安全运营构成了极大威胁。

（2）应急预案有待完善。事故最早是在朝阳门站被发现，但列车仍继续运行到北京站、崇文门站、前门站及和平门站，尽管在这一过程中未造成火灾继续扩大，但这种应急处置措施是否合理仍值得探讨。因此，需要进一步完善应急预案和应对措施。

（3）乘客疏散存在问题。事故发生后，地面公共交通未能及时疏散由地铁转移到地面的客流，造成地铁和平门站、复兴门站和西直门站的地面交通发生拥堵，对早高峰的上学和通勤客流造成了一定的影响。

2. 本次事故处理的成功之处

事故发生后，地铁运营公司迅速启动了应急预案，组织疏散乘客，并与消防部门协作，成功处理了本次事故。

3. 本次事故的启示

一是应建立包括公安、消防、交通以及医疗救护等部门的一体化综合应急救援系统。一体化的应急救援系统应具备信息共享及综合救援等特点，是传统的119、110、122、120报警系统及救援能力的资源整合。

二是应组织专家对应急预案进行评审。尽管地方交通运输主管部门及地铁运营公司编制了应急预案，但有待加强，并应组织专家进行专题评审，从而确保应急预案的科学性和可操作性。

4. 事故后的改进措施

此次事故发生后，北京市立即对地铁1、2号线实施了改造工程，对陈旧设备进行改造和更新，提高了列车运行的安全可靠性。北京市将180辆/30组老旧车辆淘汰，换成新型空调客车。除了更新车辆外，还通过维修车辆分阶段升级改造。同时，查找并消除车站环控、通风以及自动报警系统等存在的安全隐患。2007年，北京市对地铁1、2号线实施消除隐患改造，将15项机电系统主体工程列入重点，包括改造通风排烟系统、增设并更换部分站内的通风机、更新自动扶梯、改造消防给排水系统、增设火灾自动报警系统和气体灭火系统等，以实施对车站环境与设备的综合监控。

第四节　火灾事故的预防和应对措施

火灾是危害城市轨道交通运营安全的重要因素，尤其是在地下空间中发生火灾将比在地面建筑物中发生火灾更具危险性。火灾也是城市轨道交通中发生频率较高、造成损失较大的事故之一。

通过对国内外报道和统计资料的分析，按事故发生的原因不同，可将城市轨道交通火灾事故分为以下四类：

（1）行车事故引起的火灾。行车事故主要包括列车冲突、列车颠覆等，这些事故可能会导致列车设备起火，从而引发火灾。例如，2005年1月17日，泰国曼谷地铁国家文化中心站发生列车相撞事故，并引发火灾，造成200多人受伤。

（2）设备故障引起的火灾。城市轨道交通安全运营涉及众多的设备，各种设备故障，特别是机电类故障及电器短路是引发火灾的一个重要原因。例如，1995年10月28日，阿塞拜疆首都巴库地铁由于电动机车电路故障发生火灾。

（3）恐怖袭击引起的火灾。近年来，恐怖组织开始对社会影响较大的城市轨道交通车站和列车，实施爆炸等恐怖袭击活动，从而引发火灾。例如，1995年7月25日，法国巴黎地铁发生爆炸恐怖袭击引发火灾，导致4人死亡、62人受伤。

（4）人为因素引起的火灾。人为因素主要包括乘客实施的故意破坏以及运营管理人员不正确的操作和防火工作不到位等。乘客在乘车过程中的不安全行为和破坏行为可能引发火灾，例如乘客携带易燃易爆等违禁物品进站乘车、乱扔烟头、故意纵火等。运营管理人员违反安全操作规程，不按规定对设备进行定期检修，对防火工作不重视以及安全检查不彻底等行为也可能导致火灾。例如，1987年11月18日，伦敦地铁国王十字车站的火灾，就是由于乘客吸烟后将火柴梗扔进正在运动的自动扶梯内而引发的。

城市轨道交通系统中，地铁火灾危害最大。由于地铁大部分路段埋设于地下，环境相对封闭，内部空间狭窄，通向地面的出口较少，而人员又高度密集，一旦发生火灾，将很难救援和疏散。火灾事故危害如下：

（1）浓烟容易积聚，高温伤害大。城市轨道交通系统发生火灾时产生的烟、热不易排除，积聚的热量会使地铁系统内的空气温度迅速升高，较早地出现全面燃烧（轰燃）现象。根据建筑物的燃烧试验，在有限的空间环境下，当火灾房间的温度上升到400℃以上时，会立刻出现轰燃。室内温度会从400℃猛升到800～900℃，火灾房间空气的体积急剧膨胀，烟气中的一氧化碳等有害气体的浓度迅速增高，人们要脱离危险区域非常困难。

（2）火灾事故导致疏散难度大。火灾事故发生后，由于地铁比地面建筑的安全出口和疏散通道少，一些地铁车站疏散系统不完善、列车紧急安全出口有限等问题制约着人员疏散。另外，火灾现场的乘客面临着死伤的威胁，每个人的心理状态是非常复杂的，恐惧、慌张、不知所措等惊慌状态都对人员的疏散效果产生极大的影响。如果预警方案不完善，很容易产生踩踏事件，后果不堪设想。

（3）火灾扑救难度大。地下空间的火灾扑救困难，主要表现在以下几方面：一是火情探测困难，难以接近着火点；二是地下空间有限，灭火路线和疏散通道较少；三是难以采取拆除障碍物等手段阻止火势扩大；四是可供使用的灭火材料比地面少，如卤代烷、二氧化碳等一般不宜大量使用；五是无线通信设备难以使用，联络困难。

一、火灾事故的预防措施

预防城市轨道交通火灾事故，应从系统设计、设施设备管理、安全管理、应急演练以及安全评估等方面做好工作。

1. 优化安全设计

在城市轨道交通系统的规划、设计阶段就应当优化安全设计，高度重视火灾预防。站台、站厅、疏散通道、扶梯、设备间、机房、值班室以及列车内部等的装饰材料，应使用无毒不燃或阻燃材料，以减少火灾发生时有毒有害气体的浓度及燃烧可能性，最大限度地满足火灾发生时人员逃生的要求。防烟排烟系统应满足在火灾时耐高温工作的要求，送风的排烟量应能满足火灾初期人员的逃生要求。在消防供电上，应保证当火灾发生时，及时切断生产生活用电，但应当确保消防设备正常工作。

2. 完善安全设施设备

列车车厢内应配置灭火器材、手动报警按钮、通信设备以及断电时紧急开启车门的装置。车站内应设置防灾广播装置，用来指导乘客紧急疏散。在城市轨道交通系统的消防重点部位，应设置自动灭火系统，在车站内应装设消防水泵，在城市轨道交通系统的重要设备用房内应装设气体灭火装置，应配备灾害时救援人员进行地上地下联络的专用无线通信设施。车站内应设置明显的、能保证视觉连续的灯光疏散指示标志，应急照明应能满足火灾时人员安全疏散的要求。

3. 加强宣传教育工作

通过广泛宣传，提升工作人员职业素养和市民安全乘车意识。城市轨道交通运营单位应加强对工作人员的法制教育、技术培训、安全教育、职业道德教育，提升工作人员的职业素养，牢记“安全第一”的准则，任何时候都不能麻痹大意。同时，要加强安全检查，禁止乘客携带易燃易爆物品进站、乘车，加强对市民的安全乘车意识教育，减少由于乘客违反规定而产生的火灾事故。

4. 制订应急预案，并加强演练

城市轨道交通运营单位应制定火灾处置预案，组织城市轨道交通运营单位职工和群众参加应急演练，检验应急处置装备、技术的应用效果，各级应急指挥机构应会同城市轨道交通运营单位，科学设置火灾场景，提高运营管理人员的应急处置能力，有效应对火灾。

5. 开展安全评估

交通运输主管部门应定期对城市轨道交通运营展开安全评估，及时查找出影响安全的危险因素，研究分析各种消除隐患的措施与方法，提高城市轨道交通系统安全性。

二、火灾事故的应对措施

城市轨道交通系统发生火灾，应按照以下措施应对：

1. 应及时报告火情

在确认火灾情况后，车站值班员和列车驾驶员应迅速将火灾发生的时间、地点和具体位置及其他情况向控制中心报告，控制中心应根据火灾事故的具体情况和应急预案，向公安和消防等部门报告。

2. 应有效组织人员疏散

无论城市轨道交通系统哪个部位发生火灾，都应在第一时间紧急疏散乘客，同时采取有效的灭火措施。根据世界上城市轨道交通重大火灾事故的教训，乘客没有得到快速、及时、安全的疏散是造成人员重大伤亡的主要原因。

根据火灾位置的不同，也有不同的应急疏散方案。列车在区间发生火灾时，列车驾驶员应尽可能将列车驶向前方车站，迅速打开站台侧门，利用车站站台疏散乘客，利用车站隧道防排烟系统排除烟气。列车在车站发生火灾时，可以利用车站楼梯、出入口迅速疏散乘客，环控调度人员应执行火灾排烟模式，车站工作人员应立即关闭自动扶梯，引导乘客出站，并阻止乘客进站乘车。另外，在日常的运营过程中，应当对车站的疏散能力进行评估，对站台、自动扶梯、救援通道的疏散能力进行模拟，科学评估各项设施的疏散能力，发现影响事故救援的瓶颈，并予以消除。在事故发生后，应认真总结乘客疏散的经验和教训，并对不同行车组织方案及事故类型的乘客疏散情况进行专题研究和总结。

3. 应完善运营安全和应急处置的法律法规

火灾发生后，国家和地方政府以及城市轨道交通运营单位应针对火灾原因完善相关法律法规，从管理体制和管理制度上防止类似事故发生。如日本的《消防法》、《灾害对策基本法》、《恐怖事件对策特别措施法》等均对应对火灾事故的措施进行了规定。我国的《中华人民共和国消防法》、《国家突发公共事件总体应急预案》、《国家处置城市地铁事故灾难应急预案》等对火灾事故的处置程序进行了规定，确保救援工作有据可依，救援人员各司其职、分工协作，共同应对灾害和事故。

第三章 爆炸事故

近年来，针对城市轨道交通的恐怖活动有所上升，主要形式有爆炸、生化及放射性恐怖袭击和纵火等。由于城市轨道交通系统空间封闭、人群密集，恐怖袭击活动通常会造成灾难性的后果。以莫斯科地铁为例，2003～2009年，共发生了5起严重的地铁恐怖袭击事故，至少造成120人死亡、500余人受伤。2010年莫斯科“3·29”地铁爆炸事故、2011年明斯克“4·11”地铁爆炸事故更震惊全球，也给我国城市轨道交通安保工作敲响了警钟。

本章选取2005年英国伦敦地铁爆炸事故和2010年俄罗斯地铁爆炸事故作为案例，对两起爆炸事故的基本情况及处置措施进行了分析，并总结了应对城市轨道交通爆炸事故的措施。

第一节 2005年7月7日英国伦敦地铁爆炸事故

一、事故基本情况

2005 年 7月 7日，英国伦敦相继发生4起针对地铁和公共汽车的恐怖袭击爆炸事件。当地时间8点51分至9点47分，正值上班高峰时间，3名自杀式袭击者在3列地铁列车上同时引爆了随身携带的炸弹，另1名自杀式袭击者1小时后在公共汽车上引爆了炸弹。遭受爆炸袭击的3列地铁列车分别为：一列距利物浦街站仅100米的环线列车、一列运行在罗素广场站和国王十字站之间的列车和一列刚离开埃奇韦尔路站的列车。爆炸造成52人死亡、700多人受伤，多辆公交车被炸毁，所有地铁列车全部停驶，交通全面瘫痪。图3-1为伦敦地铁爆炸事故的现场。

2005年7月21日，7月7日的爆炸事件发生两周后，伦敦又发生了一起连环爆炸案，此次爆炸案同样是针对地铁和公共汽车上的伦敦市民实施的自杀式袭击。据警方调查发现，爆炸物以及装爆炸物的帆布背包与7月7日爆炸案现场发现的情况几乎一致，由于爆炸装置出现了问题，此次事件没有造成人员伤亡。这两次爆炸事件的发生，正值八国集团首脑会议召开和伦敦申奥成功的特殊时期，在国际社会引起了广泛关注和强烈反响。

图 3-1 伦敦地铁爆炸事故现场

二、处置措施

事故发生后，英国政府、英国运输警察署、伦敦大都会警察局、伦敦消防局、伦敦交通局、伦敦卫生局、情报部门以及伦敦地铁公司立即投入到救援中。救援人员在阿尔盖特站、埃奇韦尔路站、国王十字和罗素广场站之间三处位置展开行动，具体救援行动如表3-1所示。

在阿尔盖特站，伦敦地铁工作人员在8点51分报警，英国运输警察署于8点55分到达现场，伦敦消防局也几乎在同一时刻得到火警报告，首支消防队在9点到达现场，伦敦大都会警察局在9点20分赶到事故现场。

在埃奇韦尔路站，英国运输警察署在8点58分接到报警电话，999接警中心在8点59分接到事故现场人员的报警。9点4分，首支消防队到达现场；9点12分，急救中心救援队和伦敦大都会警察局抵达事故现场。

在国王十字站和罗素广场站之间的区间，伦敦大都会警察局在8点56分接到报警，伦敦消防局和伦敦急救中心分别在9点2分和9点4分接到报警电话，消防和医疗救援队分别在9点13分和9点14分到达事故现场。

伦敦地铁爆炸事故救援情况　　表3-1

地　点	时　间	采取的措施
阿尔盖特站	8：51	地铁工作人员向 999 报警
	8：55	英国运输警察署到达现场
	8：56	伦敦消防局接到火警报告
	9：00	首支消防救援队到达现场
	9：03	首支急救中心救援队到达现场
	9：20	伦敦大都会警察局到达现场
埃奇韦尔路站	8：58	英国运输警察署接到首个报警电话
	8：59	事故现场一名人员向 999 报警
	9：04	首支消防救援队到达现场
	9：12	首支急救中心救援队到达现场 伦敦大都会警察局到达现场
国王十字 / 罗素广场站	8：56	伦敦大都会警察局接到报警
	9：02	伦敦消防局接到首个报警电话
	9：04	伦敦急救中心接到救援电话
	9：13	首支消防救援队到达现场
	9：14	首支医疗救援队到达现场

1. 英国政府采取的措施

英国政府具体采取了以下措施：

（1）立即组织安全部门展开事故调查，要求尽快确定实施恐怖袭击的组织和个人；

（2）成立了由防爆和司法专家组成的专家小组，负责分析事故现场的爆炸物，收集用来起诉恐怖袭击者的证据；

（3）英国政府启动了反恐应急预案；

（4）迅速投入了预算为20亿英镑的反恐资金。英国首相布莱尔在当天中午发表讲话，对无辜平民受到袭击表示痛心，同时表示政府有能力与恐怖主义斗争，并呼吁市民团结起来共同应对这次危机。同时，布莱尔暂停了在苏格兰的会议，飞回伦敦召开紧急内阁会议。英国女王伊丽莎白二世也在事故发生的第二天亲自到医院探望此次爆炸事故的受害者。

2. 英国运输警察署采取的措施

英国运输警察署接到爆炸事件的报告后，立即派遣救援队确认事故发生的确切位置，然后立即展开救援，并向其他救援部门通报情况。英国运输警察署还配合伦敦大都会警察局在事故现场附近设置警戒线，将可疑物品运送到安全地点。

3. 伦敦大都会警察局采取的措施

爆炸发生后，伦敦大都会警察局立即进入紧急状态，采取了以下措施：

（1）对事故原因展开调查，并对周边可疑地点进行了全面检查，图3–2为伦敦警方接到报警后迅速抵达利物浦街车站，图3–3为警方在车站周边的垃圾桶检查可疑物品。

（2）封锁事故周围区域，协助事故救援工作，图3–4为警方封锁地铁车站出入口的现场图。根据初步调查结果，伦敦大都会警察局认为此次爆炸事件很可能是英国本土恐怖分子所为。

图 3–2　伦敦警方迅速抵达利物浦街车站

4. 伦敦交通部门采取的措施

伦敦交通部门主要承担恢复运营和应急疏散的工作。事故发生后，伦敦交通局迅速启动紧急疏通机制，以避免严重的交通拥堵、造成不必要的恐慌。伦敦地铁公司迅速启动应急预案，地铁工作人员迅速对乘客进行疏散，并且关闭相关车站的出入口（如图3–5所示）。经过伦敦市交通部门的紧急处置，伦敦市中心的公共汽车在当天晚上就恢复运营，绝大部分地铁线路也在第二天恢复运营。

图 3–3　伦敦警方在车站周边的垃圾桶检查可疑物品

图 3–4　警方封锁地铁车站出入口

5. 伦敦市消防和医疗部门采取的措施

爆炸事故发生后，伦敦苏豪消防局迅速出动，并向距离事故地点较近的伦敦尤斯顿消防局请求支援。医疗救护部门迅速反应，立即进入救援状态，伦敦医疗系统进入紧急状态，做好伤员的救治工作。图3–6为医护人员正在紧急救治受伤乘客。

图 3-5　伦敦地铁公司封闭了一个车站的出入口

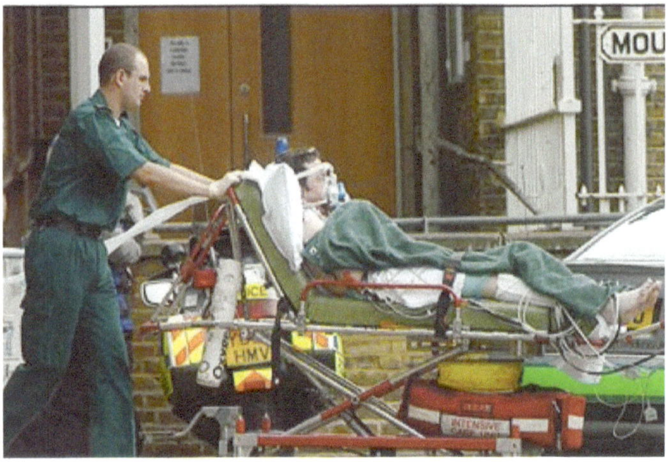

图 3-6　医护人员正在紧急救治受伤乘客

6. 情报部门采取的措施

英国安全部门军情五处、军情六处、军队防爆专家以及西班牙和美国等国家的反恐专家也参与了此次事故的情报调查。调查人员在车站内搜集爆炸残留物，以确定爆炸物的类型，同时检查了将近25000个闭路监视录像带，对1000名目击者进行了询问，有3000多位市民通过电话反映情况，调查人员总共获取了超过3000个证据，很快掌握了袭击事件的实施细节。

三、教训及启示

1. 存在的问题和漏洞

从此次事故的救援过程来看，伦敦地铁在安全管理与救援体系方面存在一定的漏洞和问题。安全管理漏洞有以下几方面：

（1）通信系统不完善，列车上不具备乘客与驾驶员通话的应急通信设备，驾驶员无法向乘客通报疏散方案，延误了救援行动；

（2）紧急照明系统不可靠，爆炸发生后，地铁内的应急照明装置无法启动，导致救援人员无法及时发现乘客和危险情况，疏散和救援受阻；

（3）列车车门在紧急情况下无法开启，影响了救援疏散；

（4）移动通信网络堵塞并影响救援通信，市民高频率地使用移动电话与家人和朋友联系，移动网络出现了堵塞现象，严重影响了救援通信。

救援体系方面的问题主要体现在：尽管警察、交通、消防和医疗等部门立即投入救援，但整个救援过程缺乏统一的应急协调指挥。

2. 本次事故处理的成功之处

在伦敦地铁爆炸案中，英国政府和伦敦市政府启用了各种安全应急措施，使得此次恐怖爆炸袭击事件对英国造成的损失和影响降低到较低水平。其中，伦敦市在地铁爆炸案发生后的新闻发布十分成功。事故发生后，伦敦市政府迅速制定新闻发布方案，掌握消息发布主导权，并用行政手段引导媒体宣传，积极进行信息发布和交流，很好地控制了舆论导向，起到了稳定民心、恢复社会秩序和人民正常生活的良好作用，为警方开展调查、及时救援营造了良好的社会氛围。

伦敦市民在此次事故中的表现也非常值得肯定。由于此次事故发生在伦敦市成功申请举办2012年夏季奥运会的第二天，许多市民正在为此庆祝，但面对突如其来的恐怖袭击，伦敦市民沉着应对，有效地降低了事故影响。爆炸发生后，伦敦市区的地铁等公共交通运营全部暂停，上百万市民的通勤受到影响，但伦敦市民听从警察和救援人员的建议，很快疏散到安全地点，有些市民还积极参与运送伤员等工作，为救援工作制造了有利环境。大部分市民在情绪稳定后，尽快回到了工作岗位，展现出了应对突发危机事件的良好素质，这主要得益于英国政府长期对市民进行的危机教育和培训。英国政府曾于2004年向市民免费发放了英国政府和军情五处编写的反恐手册，宣传手册上有紧急援助建议、联系电话等信息，提高市民应对危机事件的公共安全意识和基本的应急处置技能。

3. 本次事故的启示

不稳定的政治因素越来越成为诱发恐怖袭击活动的主要原因。特别是恐怖袭击活动开始针对城市公共交通设施和普通市民，使得事故预防和处置日趋复杂。因此，反恐部门应加强对恐怖袭击活动的监控和提前处置，城市轨道交通系统应当配置防范恐怖活动的设施设备，加大预防力度，尽最大力度防范恐怖活动的发生。同时，应制订应急预案，加强人员培训，开展应急演练，提高应对恐怖活动的能力和水平。

4. 事故后的改进措施

伦敦地铁爆炸事件之后，英国及伦敦市政府加紧了全方位的安全监管工作，英国运输警察署加强了对整个公共交通系统的安全监管，增加了整个地铁网中执行任务的警察，并使用嗅探犬在地铁里巡逻、检查爆炸物，高度戒备爆炸袭击事件的发生。

伦敦地铁公司则加强了地铁系统的安全监控系统。一是大规模使用精密的闭路电视系统进行监测。从2006年开始，伦敦地铁里的闭路电视监控摄像机从6000台增加到12000台。二是增加站台工作人员，加强对可疑行为的监视。三是将地铁站内的垃圾桶改成透明塑料袋，以加强对可疑物的监视。

第二节　2010年3月29日俄罗斯莫斯科地铁爆炸事故

一、莫斯科市轨道交通概况

莫斯科是俄罗斯的首都，也是俄罗斯政治、经济、文化及交通中心，面积1081平方公里，截至2010年年底，人口约1047万。莫斯科地铁是世界上规模最大的地铁系统之一，也是世界上使用效率最高的城市轨道交通系统之一。图3-7为莫斯科地铁标志。莫斯科于1935年开通了第一条地铁，截至2008年年底，莫斯科共有12条地铁线路，总运营里程298.8公里，180座车站。莫斯科地铁线路如图3-8所示。作为世界上最繁忙的地铁线网之一，莫斯科地铁2008年的日均客运量达700万人次，工作日客运量最高达到955万人次，位居世界前列。

图 3-7 莫斯科地铁标志

图 3-8 莫斯科地铁线路图

莫斯科地铁一直被公认为世界上最漂亮的地铁，地铁站的建筑造型各异、华丽典雅。每个车站都由著名建筑师设计，各有其独特风格，建筑格局也各不相同。车站多用五颜六色的大理石、花岗岩、陶瓷和五彩玻璃镶嵌成各种浮雕，雕刻、壁画装饰以及照明灯具都十分别致，好像富丽堂皇的宫殿，享有“地下的艺术殿堂”之美誉。华丽典雅的莫斯科地铁一直是俄罗斯人的骄傲。图3-9是莫斯科地铁的一个车站。

图 3-9　莫斯科地铁车站一景

俄罗斯各城市的地铁都由俄罗斯交通部下设的地铁管理总局管理。地铁管理总局主要负责地铁规划、设计施工和运营管理。各大城市设地铁管理局。莫斯科地铁公司负责莫斯科市地铁的运营，该公司为国有企业。

莫斯科地铁公司高度重视地铁车站内的安防工作，建立了一套立体式的安全管理系统。莫斯科地铁安全管理系统主要包括七个部分，分别是视频监控系统、情报中心、信息平台、紧急通话设备、防爆罐、24小时执勤的警察以及警犬。各部分的作用是：视频监控系统用来监视站台和车厢内的情况，莫斯科地铁的所有车站和车厢内均安装了视频监控系统，平均每个车站安装20~30台视频监控设备，整个线网的监控设备总数达到6000台；情报中心负责接收各类实时信息，搜集设备故障及突发事件等紧急情况；信息平台提供出行信息查询服务以及紧急事件通告；紧急通话设备用于列车驾驶员和乘客之间的紧急通话；防爆罐用来存放炸弹等可疑危险品，以待警犬和拆弹专家到达现场后处理；警察24小时负责值班巡逻，同时配备警犬用于搜寻炸弹和毒品。

二、事故基本情况

莫斯科当地时间2010年3月29日早上7点50分左右，莫斯科地铁卢比扬卡站发生恶性恐怖爆炸事件，40分钟后莫斯科地铁文化公园站发生了第二起恶性恐怖爆炸事件。事故共造成了至少41人死亡，60多人受伤，爆炸事故现场如图3-10所示。莫斯科地铁文化公园站是一个客流量较大的车站，高峰时段客流密集，为维护车站乘车秩序和加强车站安保工作，车站有警察进行巡逻，图3-11为莫斯科地铁文化公园站密集的客流。据莫斯科警方介绍，实施地铁连环爆炸的两名女性自杀式炸弹袭击者来自分裂主义活跃

图 3-10　莫斯科地铁文化公园站爆炸事故现场

图 3-11　莫斯科地铁文化公园站密集的客流

的北高加索地区恐怖组织。

据公布资料显示，2004年发生在莫斯科地铁的爆炸事件，也是自杀式炸弹袭击。从2004年至2010年，恐怖分子曾针对莫斯科地铁实施了多起爆炸事件，总共造成数百人伤亡。2004年2月6日，莫斯科地铁发生爆炸事故，共造成42人死亡、250多人受伤；同年8月31日，莫斯科地铁又发生了爆炸事故，共造成8人死亡、30人受伤。

三、处置措施

爆炸事故发生后，列车驾驶员立即向调度室报告爆炸事故情况，请求切断电源，打开紧急照明装置和列车车门。

调度室通知有关部门立即切断了电源，并通过广播系统通知乘客，请大家尽快离开列车。车站应急部门立即请求警察、消防、救护等部门紧急救援。

俄罗斯总统召开紧急会议，部署救援工作，俄罗斯总检察长派出两位副总检察长赶赴爆炸现场，协调案件调查，并要求全国各城市加强反恐安全保障措施，承诺由联邦中央政府承担所有安保费用。俄内政部和莫斯科警察署接到发生地铁爆炸事件的报告后，立即组织开展紧急救援工作。

军警立即赶往现场疏散人群，紧急出动342人和100台应急装备展开救援，并封锁事故现场（如图3-12所示），避免发生踩踏事故。莫斯科市的

图 3-12　莫斯科警方封锁现场

直升机、救护车、快速医疗反应分队以及心理专家组等救援力量参加救援行动。

俄罗斯国家反恐委员会提议，尽快落实2009年联邦安全会议提出的恐怖威胁分级制度，向市民通报危险等级，国家反恐委员会和地方行动指挥部将有权在一个地区实施类似紧急状态的特别制度。

内政部提高了莫斯科各大火车站和飞机场的安全警戒级别，莫斯科警方也对商场、影院和集市等人群密集的地方增派了警力，同时还加大了在公共场所对可疑人员的身份核查力度。莫斯科市长迅速发表讲话，稳定市民情绪，向市民传递应急救援将获得成功的信心。此次爆炸事故没有造成次生灾害和拥挤踩踏事件。

俄罗斯总理普京表示，俄罗斯将在2014年前建立一整套交通安全体系，设立恐怖威胁等级警示系统，引导避险途径，指导避险办法，并将有关信息发布到街道、车站、机场、商场、公共汽车等人员密集场所。

四、教训及启示

1. 存在的问题和漏洞

从此次事故的救援过程看，莫斯科地铁在安检措施、应急处置措施以及人员疏散方面均存在漏洞，具体表现如下：

（1）莫斯科地铁的安检措施不严格。莫斯科地铁客流量大，乘客乘坐地铁时不用通过安检设备就可直接进站。尽管车站有安检设施，但不需要每个人都进行安检，一般采取抽检。只有发现乘客携带可疑包裹时，才会要求乘客接受检查。此次事故中，由于犯罪嫌疑人随身携带爆炸物且未接受检查，最终导致事故发生。

（2）莫斯科地铁的应急措施不到位。从事故发生时间看，两次爆炸事件之间相隔42分钟，莫斯科地铁应该有充足的时间疏散地铁乘客，然而莫斯科地铁没有采取有力的措施，最终没能阻止第二起爆炸事件的发生，造成了大量伤亡。第一起爆炸事件发生后，驾驶员应立即按照有关操作程序向调度室报告情况，请求切断电源，同时打开紧急照明设施，通过广播组织乘客疏散。调度方面则应安排各站内人员疏散乘客，请求警察、消防、医疗等部门紧急援助，迅速调用大量公交车运送地铁乘客。然而，莫斯科地铁并没有快速疏散乘客，也没有暂停列车运营，多个车站内依然很拥挤。

（3）地铁车站的疏散能力不足。莫斯科地铁是世界上最深的地铁之一，文化公园站只有一部自动扶梯，爆炸发生后近千名乘客急于离开车站，互相拥挤，场面非常混乱。疏散能力不足造成客流在短时间内发生突发性增长，可能引发人员踩踏等次生事故的发生。

2. 本次事故的启示

莫斯科的地铁和机场等公共交通场所近年来遭受了多起恐怖爆炸袭击。从此次事故的发生和应急处置来看，恐怖袭击事件不但预防困难，而且会造成重大人员伤亡，产生严重的社会负面影响。

（1）中心城区的城市轨道交通易成为恐怖袭击的目标，应加强防范。在城市轨道交通系统成网以后，系统点多、线长、面广，安全防范难度大，而中心城区客流密集，政府、商业及学校等公共设施集中，突发事件的影响范围广，易成为恐怖袭击的目标。在这次事件中，发生爆炸的卢比扬卡站位于俄罗斯联邦安全局地下，在俄罗斯政府所在地克里姆林宫附近，而文化公园站位于高尔基公园附近，是莫斯科的著名景点和文化活动场所。

（2）在高峰时段应适当限流，并严格执行安检措施。由于莫斯科的地铁日客流量高达700万人次，莫斯科地铁没有配备足够的安检设施和警力，只是进行抽检，这可能造成较大的安全隐患。因此，为确保地铁运营安全，应在高峰时段进行适当限流，严格执行安检措施。

（3）安全部门应提高应对城市轨道交通恐怖袭击的敏感性。安全部门应提高情报预警能力，完善预警机制，做到防患于未然。据俄罗斯《独立报》2010年3月30日报道，俄罗斯应当向美国等西方国家学习，设立恐怖威胁等级警示系统，恐怖威胁等级由国家安全部门来确定，政府和民众将根据不同等级标志采取相应的防范措施，尽量减轻恐怖袭击可能造成的损失。

3. 事故后的改进措施

为有效应对针对地铁、机场等公共交通场所的恐怖袭击事件，俄罗斯政府一方面完善管理体制，出台了一系列的法律法规，另外一方面增加了安全设施方面的投入，增强预防恐怖袭击的能力。

此次事故发生后，俄罗斯出台了相应的法律法规，并在管理体制上进行了改革。俄罗斯政府成立了由总统统一领导的联邦反恐委员会，建立了俄联邦反恐委员会、联邦主体反恐委员会、临时反恐委员会三级反恐机制。俄罗斯紧急情况部计划建立危险等级通告系统，向居民通告危险等级，并指导市民科学避险。紧急情况相关信息将会发布在城市街道、车站、机场等公共场所。同时，对地区领导人选举办法进行改革，进一步加强中央对地方的垂直管理权，以便在发生恐怖主义事件时，能迅速集中力量投入到反恐行动中。通过设立专门部门，在继续强调军事打击的同时，重视以政治和经济等手段解决矛盾，成立总统直接管辖的北高加索联邦委员会，全权协调这个地区的安全、反恐和社会稳定工作。重组国家安全机关，提高安全部门的工作效率。

在地铁方面，莫斯科地铁加大了安全设施的投入，增强提前发现恐怖袭击活动的能力。莫斯科地铁的车站内都安装了摄像头，录像资料可以保留3天。莫斯科地铁公司计划在4500个车厢内安装监控摄像头。为降低爆炸造成的危害，计划对列车的玻璃进行更新，装备符合安全要求的玻璃，一旦发生爆炸，玻璃将同窗框整体脱落，而且不会破碎。同时，莫斯科地铁公司建立了专门训练警犬的机构，用于寻找地铁系统内的可疑爆炸物。

此外，在莫斯科地铁站发生恐怖爆炸袭击后，各国政府均加强了应对恐怖袭击的措施。纽约警方于3月29日在主要地铁站点加强了警戒，法国内政部31日宣布计划在全国重点车站及列车上安装摄像头，加强对公共交通设施的安全监管。

第三节　爆炸事故的预防和应对措施

一、爆炸事故的预防措施

城市轨道交通系统作为重要的城市公共交通设施，人员密集，如何预防爆炸事故的发生十分重要，应从以下方面进行预防：

（1）加强预防爆炸事故技术防范。在站台、站厅设计方面，应充分考虑防爆需求，减少藏匿或放置爆炸物的死角；加强对关键部件如动力设备、控制中心、计算机系统、通信系统、空调系统等防控防护；提高监控系统性能，实现对车辆和站台情况的实时监控，确保监控系统能在细粉尘、烟雾、潮湿等条件下正常工作，并应完善监视盲区等地点的监控设备的配备；完善消防设施配备，如列车上的灭火器，站厅、站台上的消火栓、灭火器、自动水喷淋装置，车站和区间隧道内的排烟装置等；禁止可燃装饰材料和有毒材料的应用，提高整体的耐火性及减少有毒物质的产生；完善易爆危险物品检测系统，坚决查堵易燃、易爆危险物品。

（2）制订爆炸事故应急预案。城市轨道交通运营单位应制订防爆专项突发事件的应急预案，对各组织机构的职责、设备、程序、前期准备及应急反应等进行详细规划。应急预案中应包括疏散程序、受害者救助、与地方应急处置部门的联络、爆炸事件发生后确保乘客安全的措施、恢复运营服务或使用替代系统的措施及信息发布程序等。运营单位在加强自身员工日常培训、模拟演练的同时，还应加强同相关部门的合作（如公安、消防、医疗等部门），定期组织大型的防爆演练，提高处理突发事件的能力。

（3）加强安保力量配备及员工技能培训。公安机关应在城市轨道交通站点设置专门巡逻点或治安岗，以便及时发现并处置危险情况，对犯罪分子起到震慑作用；城市轨道交通运营单位应组织安保人员进行沿线巡逻保安工作；同时在城市轨道交通站点出入口实施安全检查。为保证应急救援行动的快速、有效开展，运营单位应当建立专门的应急救援组织，并定期组织演练，并做到全员培训、持证上岗，并建立职工安全教育档案，定期进行考核和检查，提高职工的安全意识。

二、爆炸事故的应对措施

为了使城市轨道交通爆炸事故的伤亡损失减到最小，应在事件发生后采取有力措施进行应对，具体有以下措施：

（1）建立完善的城市轨道交通防恐应急系统。该系统应包括监控、通信、情报、指挥、消防、急救多个子系统，是多方面多层次的综合处理系统。通过系统建设，提高城市轨道交通系统应对爆炸袭击的能力。

（2）建立反恐安保和应急处置体系。对于发生的爆炸事件，各部门应协调应对，及时作出反应。为确保协调机制的程序性和可操作性，应明确规定各部门的责任。一旦发生爆炸事件，协调机制应自动启动，各部门自主进入状态，以应对突发事件。在我国，城市人民政府是处置事故灾难的主体，城市各部门应主动配合，密切协作，整合资源，共同应对处置爆炸事件。

（3）城市轨道交通运营单位应启动应急预案。爆炸事故发生后，运营单位应立即启动应急预案，做好人员疏散，配合有关部门做好事故处置，做好伤员救治和相关善后工作。

城市轨道交通系统的不同位置发生爆炸事故后，不同岗位人员的应对措施也不同。

1. 车站发生爆炸

车站值班员确认车站发生爆炸后，立即向公安（110）及消防（119）报警，联系医疗部门及时救护伤员，并向行车调度、站长、生产调度汇报；向环控调度人员汇报，使其按照实际情况进行工况调整，如爆炸引起火灾，正确开启或关闭机电、消防、送排风设备；通过监视器密切注意车站情况，与有关部门保持联络，负责各部门与相邻车站间的信息传递工作；加强广播宣传，引导、疏散乘客，根据行车调度命令，指挥现场列车，防止列车进入事发车站。

值班站长应立即组织车站工作人员对乘客进行疏散，抢救伤员，控制现场；保护现场，维护秩序，设置警戒区，如现场有可疑物品，应立即汇报公安部门；如爆炸引起火灾，应根据实际情况，通知车站值班员开启相应的消防设备，采取初期扑救，切断、控制火源，防止火势蔓延；第一时间寻找证人、证据；上级指挥小组到场后，应尽快将收集到的现场情况上报，并根据上级命令，实施有关的操作。

站务员应加强站台监护，防止乘客跌落站台，引导站台上的乘客往站厅疏散；如爆炸引起火灾，应根据安排携带好应急装备与灭火器材，赶赴现场参与灭火、救护工作；保护现场，配合公安部门调查取证。

服务员及售票员应根据命令停止售票，并将票款及时转移至安全地点；及时打开专用通道及消防疏散门，引导乘客从专用通道及进出站闸机处疏散；如爆炸引起火灾，应根据安排携带好应急装备与灭火器材，赶赴现场参与灭火、救护工作。

2. 到站列车发生爆炸

列车驾驶员应迅速打开所有车门，利用车厢广播引导乘客往站台上疏散；用车载电话，迅速向行车调度汇报；疏散乘客的同时，赶赴事发地点，配合值班站长保护现场，维护秩序，设置警戒区（如现场有可疑物品，应立即汇报公安部门，由公安人员处理）；如爆炸引起火灾，利用列车自带的灭火器，进行初期扑救。

其他人员处置措施与站台爆炸事故相同。

3. 列车在区间发生爆炸（列车可继续运行）

列车驾驶员应利用车载电话，迅速向行车调度汇报情况及建议采取的措施；根据行车调度命令将列车前进（或后退）至就近车站（如车载电话故障，无法联系到行车调度，列车只能正向运行至前方站；到站后应立即利用站台行车调度电话，与行车调度取得联系）；列车到站后，迅速打开所有车门，利用车厢广播引导乘客往站台上疏散；疏散乘客的同时，赶赴事发地点，会同站长保护现场，维护秩序，设置警戒区；如爆炸引起火灾，应利用列车自带的灭火器材，进行初期扑救。

值班站长应立即组织车站工作人员对乘客进行疏散，抢救伤员，控制现场；根据实际情况，通知车站值班员开启相应的消防设备，采取初期扑救，防止火势蔓延；列车到站后，赶赴事发地点，与列车驾驶员共同保护现场，维护秩序，设置警戒区；第一时间寻找证人、证据，发现可疑对象应立即向公安部门报告；上级指挥小组到场后，应尽快将收集到的现场情况上报，并根据上级命令，执行有关的操作。

其他人员处置措施与站台爆炸事故相同。

4. 列车在区间发生爆炸（列车无法继续运行）

列车驾驶员打开紧急疏散门，利用车厢广播引导乘客按指定方向从隧道内向就近车站疏散；应利用车载无线电话，迅速向行车调度汇报情况

（如车载电话故障，应使用就近的轨旁电话，与行车调度联系）；赶赴车厢内爆炸处，如爆炸引起火灾，应利用列车自带的灭火器材，进行初期扑救；确认车厢内的乘客完全疏散后，方可撤离。

车站值班员应立即向公安（110）及消防（119）报警并确认着火地点及火情，联系医疗部门及时救护伤员；汇报行车调度、站长、生产调度；接到环调通告后，按实际情况进行工况调整；通过监视器密切注意车站情况，与有关部门保持联络（随时汇报从隧道疏散至车站的乘客人数及情况），负责各部门与相邻车站间的信息传递工作；加强广播宣传，引导车站内的乘客有序疏散；根据行车调度命令，指挥现场列车。

值班站长应立即组织车站工作人员对乘客进行疏散；组织部分工作人员，携带必要的器具，赶赴事发区间，引导乘客往车站方向疏散，并及时救助伤员；如爆炸引起火灾，根据实际情况，通知车站值班员开启相应的消防设备，采取初期扑救，切断、控制火源，防止火势蔓延；保护列车爆炸现场，维护秩序，设置警戒区，第一时间寻找证人、证据；上级指挥小组到场后，应尽快将收集到的现场情况上报，并根据上级命令，进行有关的操作。

站务员应对站台加强监护，防止乘客跌落站台；引导站台上及从区间撤至车站的乘客往站厅疏散；服从安排携带应急装备与灭火器材，赶赴区间着火现场参与灭火、人员引导、救护工作；保护现场，配合公安部门调查取证。

服务员及售票员应根据命令停止售票，并将票款及时转移至安全地点；及时打开专用通道及消防疏散门，引导乘客从专用通道及进出站闸机处疏散；服从安排携带应急装备与灭火器材，尽快赶赴现场，参与灭火及疏散乘客。

第四章　毒气事故

城市轨道交通是一个复杂的系统，具有环境开放、空间封闭、区间运行时间短、客流量大、应急疏散难度大等特点。如在车站和地下隧道等位置发生毒气事故，后果将非常严重。1995年3月20日，日本发生了震惊世界的沙林毒气事件，造成12人死亡、14人终身残疾、5500多人受伤。本章详细阐述了该事故的基本情况和日本政府采取的救援措施，分析总结了此事故的处置经验和教训，提出了应对城市轨道交通毒气事故的措施。

第一节　1995年3月20日日本东京地铁沙林毒气事故

一、东京市轨道交通概况

东京是日本的政治、经济、文化中心，也是日本的海陆空交通枢纽，截至2010年4月，东京总人口约为1301万，面积约2188平方公里。

东京圈的轨道交通密度和长度都居世界大城市前列，其轨道交通包括城市电气铁路、新干线、地铁、轻轨以及高架电车、单轨电车等。东京地铁主要由两家大的集团公司运营，即东京地铁运营公司和东京都交通局。截至2009年年底，东京地铁运营线路共有13条，里程292.2公里。2009年，东京地铁日均客运量近800万人次。东京地铁运营公司经营9条东京都会地区地铁线路，东京都交通局经营4条地铁线路。东京轨道交通线网如图4–1所示。

东京于1927年12月开通第一条地铁，成为亚洲第一个开通地铁的城市。东京地铁十分发达，乘坐非常方便，在市区范围内步行5分钟左右就有一个地铁出入口，尽管这些出入口的规模不是很大，但出入口的分布充分考虑了人流的聚集和疏散因素。图4-2为东京地铁六本木站的一个出入口。

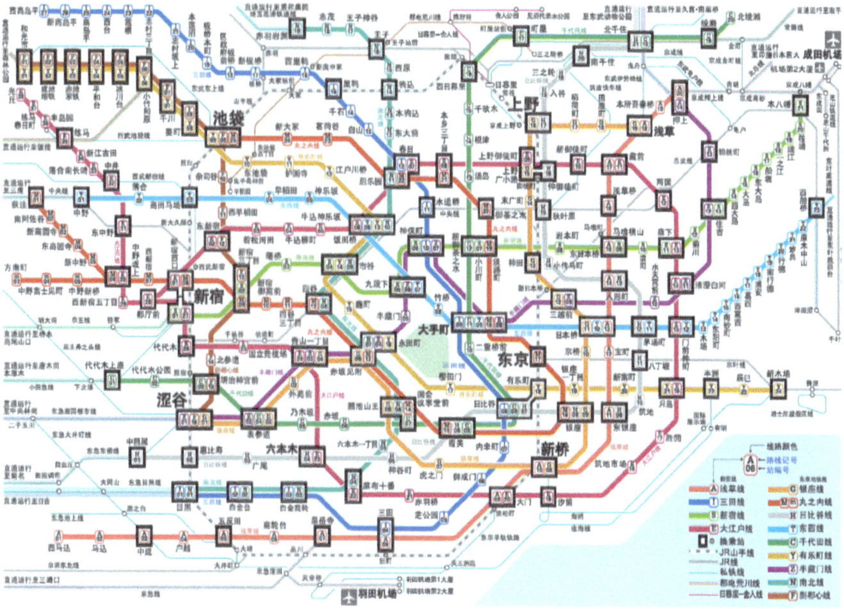

图 4-1 东京轨道交通线网图

图 4-2 东京地铁六本木地铁站的一个出入口

东京市政府非常重视城市轨道交通的运营安全和服务质量，要求地铁运营公司提供安全、便捷的服务，对事故防患于未然，确保安全、准点地运送乘客。东京地铁运营公司的最高责任人为公司社长。东京地铁运营公司包括轨道本部、建设部、经营管理部、人事部、财务部，其中轨道本部负责地铁运营安全管理，下设安全与技术部、轨道管理部、电气部、工务部、车辆部、营业部、运输部，如图4–3所示。

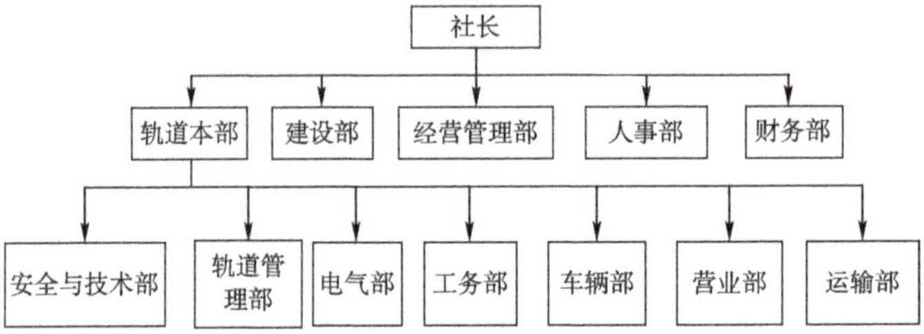

图 4–3　东京地铁运营公司管理机构

二、事故基本情况

1995年3月20日，日本东京地铁发生了震惊世界的沙林毒气袭击事件。上午7点50分，东京地铁日比谷线开往北千住方向的列车在到达六本木车站时，车厢内突然散发出强烈的刺激性气味，许多乘客出现咳嗽、头晕、呼吸困难甚至晕倒等症状，乘客在车厢内发现多处装有挥发性液体的容器。车站工作人员进行检查时也发生中毒症状，检查人员把异常物体带回办公室后，又引起办公室人员中毒。上午8点10分，日比谷线的筑地车站也发生了类似的毒气袭击事件。

事后调查发现，此事故为沙林毒气恐怖袭击。在此次事故中，包括日比谷线、千代田线和丸之内线3条线路的5节车厢遭到了奥姆真理教发动的沙林毒气恐怖袭击。16个车站的乘客受到毒气危害，千代田线地铁车辆沙林毒气的释放位置如图4–4所示。乘客及工作人员在吸入沙林毒气的瞬间就感到四肢无力，肌肉抽搐，神经系统受到危害，若不妥善处理，数分钟内就会死亡。此次袭击事件中使用的沙林为无色液体，非常罕见，这种液体在常温下很容易挥发成无色气体，从而造成更大危害。据东京警方统计，事故发生后，有76人处于危险状态，46人伤势严重，此次事件共造成12人死亡，5500多人中毒。

事件发生后，日本政府所在地及国会周围的几条地铁主干线当天被迫关闭，26个车站的运营受到影响，东京交通陷入一片混乱。这次事件不仅造成了人员伤亡，而且还引发了严重的社会恐慌。日比谷线停止运营，千代田线和丸之内线的部分区间停止运营，造成市中心及附近地区的交通大堵塞。尽管日本警方和自卫队防化部队对3条地铁线路的5列列车连夜进行消毒，3条受事件影响的线路在第二天全面恢复运营，但由于人们对毒气散播的恐惧，许多车站都客流稀少。

图 4–4　千代田线地铁车辆沙林毒气释放位置

三、处置措施

事故发生后，日本政府和东京都迅速开展了一系列救援应对措施，东京消防厅、东京警视厅、自卫队防化部队以及东京医疗救援等部门均参与了事故的救援。具体救援过程如下：

上午8点30分（事件发后40分钟）。广播电视系统报道了警视厅对此次事件原因的初步判断，防化专家乘直升飞机赶到事故现场进行调查，并且通过广播电视告诉民众这一消息。

上午9点（事件发生后1小时10分钟）。东京市政府在日本首相的授权下在警视厅成立了东京地铁毒气袭击事件特别调查本部，并由一位高级官员负责指挥和协调事件的处理工作，为了保证应急工作的顺利进行，该部门拥有对所需各种资源的紧急调配权。特别调查本部调集1万多名警察维持秩序，并命令全国的警察部门加强对公共交通、大型商场等公共场所的警戒。

上午9点10分（事件发生后1小时20分钟）。特别调查本部确定毒气为沙林毒气，并制订了紧急应对措施，各部门展开了有针对性的救援，日本权威的化学专家、犯罪防治专家、医疗专家等以及日本自卫队防化部队、东京警视厅、东京消防厅等专门机构的人员立即到位，各司其职，迅速展开救援工作。东京消防厅出动了192辆救护车将受害乘客紧急送往附近的医院急救；针对该事件中短时间内受伤人数剧增的情况，医院妥善应对处理，制订一系列的紧急救援措施，努力减少人员伤亡。

上午11点（事件发生后约3小时）。日本政府接管了特别调查本部的事故处置权，成立了紧急对策本部，并针对此次事故印发宣传品，缓解民众紧张情绪。同时还设立了新闻发布中心，该新闻发布中心由专门的新闻官负责发布相关消息，保障民众的知情权。

中午12点（事件发生后约4小时）。日本首相发表电视讲话，表示事件基本得到控制。事故的救援工作流程如图4–5所示。

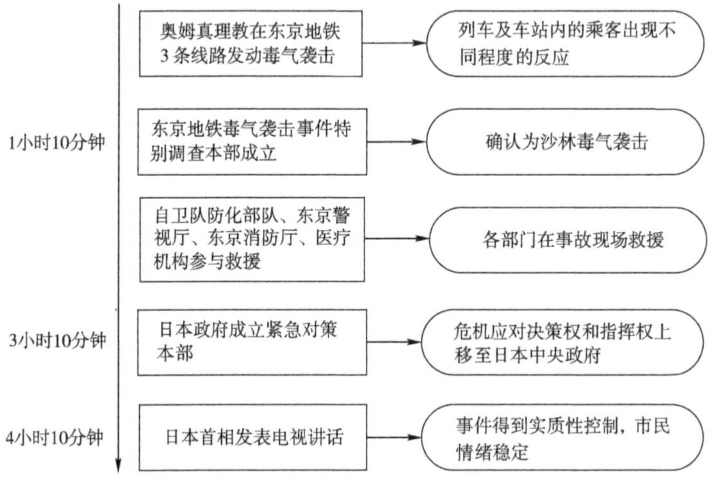

图 4–5　东京沙林毒气事故救援工作流程

四、教训及启示

1. 存在的问题和漏洞

日本政府在这次突发事件的处理中暴露出了薄弱环节，具体表现为通信和救援机制不完善、民众互相救助不到位等。

（1）通信和救援机制不完善。东京地铁缺乏对各车站的综合监控，各个车站负责人未能及时了解到事件已在多个车站同时发生。事件发生整整1

小时后，报警电话才将各个车站的情况联系起来，确认此次事故发生的范围。另外，由于各部门之间是独立工作的，因此彼此之间的信息交流不充分。警视厅、消防以及医疗等部门同时开展了救援，但是各部门缺乏协调联动，应急救援有所延迟。

（2）民众互相救助不到位。在危机对策中，自我救助是第一位，互助是第二位。在东京地铁沙林毒气事件中，日本民众表现不够积极。因此，平时的应急演练非常重要，需要通过应急演练提高公众的危机意识，引导公众在危机中进行自我救助和互助。

2. 本次事件处理的成功之处

东京“沙林事件”在较短时间内得到了有效控制，这得益于东京都和日本政府的有效应对，具体体现在以下四个方面。

（1）高效的应对措施。“沙林事件”发生后，危机应对的决策权和指挥权迅速上移至日本中央政府部门，危机处置权限由特别调查本部转移到紧急对策本部。紧急对策本部的成立及其决策的出台在总体上控制了事态的发展，同时也在一定程度上稳定了民心，这为进一步的救助及恢复工作奠定了良好的基础，提高了此次事故的应对效率。事发当天上午，日本自卫队和东京消防厅接到报警电话后立即出动参加救援，将受害者送到医院。医院短时间内出现大批量需要医治的伤员，但由于医院工作主动、措施得力，保证了整个抢救过程中的药品供应，确保了大部分受伤人员得到了及时救治。

（2）专家队伍发挥重大作用。沙林毒气事故发生后不久，日本权威的化学专家、犯罪防治专家、医疗专家等以及日本自卫队防化部队、东京警视厅、东京消防厅等专门机构的人员立即到位，迅速开展救援。防化专家确认这种毒气为沙林后，随后向公众宣布，并说明了中毒症状。自卫队防化部队、东京警视厅和东京消防厅作为处理危机、惩治犯罪与防范灾害的专门机构，迅速组织成立应对危机的专家队伍，这些部门专家的有效工作，不仅控制了毒气的危害，还使案件得到迅速侦破。

（3）危机应对的法律体系比较完善。日本从中央政府到地方政府都有比较完备的防灾计划，日本对恐怖事件的处置、传染病的防治以及自然灾害的防灾抗灾等均有明确的法律规定。日本关于危机管理与应对的国家法律有《灾害对策基本法》(1961年)、《消防法》(1948年)、《地方自治法》(1947年)；此外，在组织方面，有《消防组织法》(1947年)、《警察法》(1954年)等；灾害预防方面，有《地震防灾对策特别措施法》(1995年)、《建筑物耐震加固法》(1995年)、《水灾防止法》(1949年)等；在灾害应急对策方面，有《灾害救助法》(1947年)等。这些法律法规为危机管理、灾害排除以及救援工作的顺利有序进行提供了可靠保障。

在应对沙林毒气事故的过程中，日本政府和东京都依据相关的法律、法规，组织实施救援工作。警察、消防等部门根据《警察法》、《消防法》等，奔赴现场参加救援行动。

3. 本次事故的启示

总体来看，日本政府在此次沙林毒气事故的危机处理中，应对及时、措施得当，有效降低了此次事故对社会公众造成的影响。此次事故对我们有以下两点启示：

（1）各部门应在中央政府统一部署下各负其责、各司其职。日本的危机管理体制是以内阁首相为最高指挥官，由内阁官房负责总体协调、联络，通过安全保障会议、内阁会议、中央防灾会议等决策机构制订危机对策，由警察厅、防卫厅、海上保安厅、消防厅等部门根据具体情况予以配合的组织体系。在这一体系中，根据危机种类的不同，调动不同的危机管理部门参与危机处理工作。此次沙林毒气事故体现出了这种危机管理体制的优势。

（2）要进一步完善相应法律法规体系，为应对突发事件提供法律保障。事故发生一个月后，1995年4月21日日本政府制定了《关于防止沙林等侵害人身的法律》，禁止沙林的制造、拥有和转让。2001年，日本又针对恐怖事件制定了《恐怖事件对策特别措施法》，以应对生物武器、化学武器恐怖袭击。

第二节　毒气事故的预防和应对措施

一、毒气事故的预防措施

由于城市轨道交通封闭运行且客流密集，如果遭受毒气袭击，救援十分困难，因此要做到提前预防，具体包括以下几个方面。

（1）建立功能齐全的综合监控系统。综合监控系统主要负责监控城市轨道交通基础设施及列车运行状态是否正常、车站及列车内乘客行为是否正常，一旦发生异常现象可及时发出警报。调度员可以实时掌握各线路的运营情况及设备状况，车站综控员也可以了解整个线路的事故情况，从而与调度员及救援人员进行准确的信息交流，方便事故处理和整体协调。建立健全的综合监控系统既能有效预防恐怖袭击的发生，又能在事故发生后提高事故处置效率。

（2）完善毒气袭击的应急预案和应急演练。各类预案除落实人员及救援措施外，重点是要保证设施、设备及技术措施的可操作性。进行有针对性的应急演练，加强对工作人员的法制教育、技术教育、安全教育和职业道德教育。一旦发生恐怖袭击事件，各部门和责任人要能够按预案迅速进入工作状态。

（3）建立高效的危机管理体制。一旦发生毒气袭击事件，应立即根据相关预案协调各个部门，由决策机构制订相应的危机策略，依据危机种类，启动相应的危机管理部门开展具体的行动。各部门应在现场指挥机构的统一调度下，坚持“先人后物”的原则，有秩序、有组织地疏散、转移乘客和地铁工作人员，把人员伤亡减少到最少。

（4）提高乘客的应对能力。应加强对乘客危机管理意识的教育，提高乘客在危机中的自我救助能力。对于乘客来讲，当遇到毒气袭击或发现危险物品时，应按照以下几项原则进行应急处置：第一，当发现危险物品时，应立即远离危险物品，并及时报警。如果乘客在车站或列车内发现可疑物品，应立即远离，切勿自行处置，并报告工作人员，待工作人员和警察到达后，应配合应急处置人员做好调查工作。第二，如果危险物品发生爆炸或毒气泄漏，应听从车站工作人员的指挥，迅速撤离到安全地点，切勿因慌乱造成拥挤或踩踏事件。第三，当乘客遇到毒气袭击时，应立即将手帕、衣物等浸湿并堵住口鼻，遮住裸露皮肤，避免大量吸入有毒气体，同时立即报警，耐心等待。第四，如果很容易判断出毒气的来源，应向有毒气体的上风口处躲避，并注意有序疏散，避免拥挤和踩踏。第五，到达安全地点后，应用流动的清水擦洗身体的裸露部位，并听从医护人员的安排。

二、毒气事故的应对措施

城市轨道交通发生投毒事故时，应迅速判明毒气种类及危害，各车站应按信息报告流程及时报告毒气事故发生地点、时间、汇报人姓名与职务、投毒事件起因及影响程度（乘客伤亡情况、中毒初步症状等）、事件概况等，并遵循“统一指挥、快速反应、各司其职、配合协同、以人为本、减少危害”的原则快速处置。城市轨道交通系统不同位置发生毒气事故后，各岗位的应对措施具体如下：

1. 车站毒气事故

车站值班员应报告行车调度、环调、站长；并立即向公安部门（拨打110）及消防部门（拨打119）报警并确认事故现场情况，联系医疗机构，及时救护伤员；根据环调指令，按实际情况正确开启或关闭消防设备；加强广播宣传，引导疏散乘客；根据行车调度命令，指挥现场列车，防止列车进入事发车站；通过监视器密切注意车站情况。

值班站长立即组织车站工作人员疏散乘客，抢救伤员，控制现场；通知车站值班员关闭车站所有的送、排风设备；保护现场，维护秩序，设置警戒区，第一时间寻找证人、证据；上级指挥小组到达现场后，应尽快上报收集到的现场信息，并根据上级命令，进行相关操作。

站务员应携带必要的应急装备（如防毒面具）组织乘客疏散，抢救伤员、控制现场；加强站台监护，防止乘客跌入轨道；引导站台上的乘客往站厅疏散；保护现场，配合公安部门调查取证。

服务员及售票员应根据命令，停止售票，并将票款及时转移至安全地点；及时打开专用通道及消防疏散门，引导乘客从专用通道及进出站闸机处疏散；服从安排带好器具尽快赶赴现场，参与疏散站厅乘客。

2. 到站列车发生毒气事故

列车驾驶员发现异常报告后及时广播，稳定乘客情绪；迅速打开所有车门，利用车厢广播引导乘客往站台上疏散；用车载电话，迅速向行车调度汇报；配合车站组织乘客往站厅疏散，及时抢救伤员。

其他人员处置措施同车站毒气事故。

3. 列车在区间发生毒气事件

车站值班员发现列车在区间发生投毒案件后（行车调度告知或本站发现），立即向公安部门（拨打110）及消防部门（拨打119）报警；汇报行车调度、站长、警务站、公司生产调度（如由行车调度告知，应立即通知站长，以便车站提前做好准备工作）；联系医疗部门，及时救护伤员；立即汇报环调，按车站实际情况关闭车站所有送、排风设备（由环调预先通告，应提前关闭车站所有送、排风设备）；加强广播宣传，引导疏散乘客；根据行车调度命令，指挥现场列车，防止后续列车进入事发车站；通过监视器严密监控车站情况。

值班站长的应对处置措施同车站毒气事故，但要注意，如预先得到行车调度通告，应先疏散车站内乘客，待事发列车到达站后，组织力量疏散车厢内乘客。

站务员应对站台加强监护，防止乘客跌入轨道；安装屏蔽门的车站预先打开屏蔽门，携带必要的应急物品（如防毒面具），引导车厢内的乘客往站台疏散，同时引导站台上的乘客往站厅疏散；保护现场，配合公安部门调查取证。

列车驾驶员应利用车载电话或其他联系方式，迅速向行车调度汇报情况及建议采取的措施；根据行车调度命令将列车前进（后退）至就近车站（如车载电话故障，无法联系到行车调度，列车只能正向运行至前方站，到站后应立即利用站台电话，与行车调度取得联系）；列车到站后，迅速打开所有车门，利用车厢广播引导乘客往站台上疏散；配合车站引导站台上的乘客向站厅疏散，及时抢救伤员；根据行车调度指令将列车开到指定地点。

其他人员处置措施同车站毒气事故。

第五章 纵火事故

城市轨道交通系统是大容量公共交通工具，市民都有权利自由乘坐。对于城市轨道交通而言，故意纵火犯罪可能会造成重大人员伤亡。为防止不法分子针对城市轨道交通故意纵火犯罪，城市轨道交通运营单位通常会对进站乘客采取适当的安全检查措施，但在乘车高峰时段，由于客流密集，通常只能对乘客携带的包裹等物品进行常规检查，无法识别乘客随身携带易燃易爆等危险物品的情况。2003年韩国大邱地铁发生了一起乘客携带易燃物品乘车并故意纵火的事故，导致198人死亡，震惊世界。本章选取了2003年韩国大邱地铁纵火事故和2004年香港地铁纵火事故案例，分析了两起事故的基本情况、处置措施和经验教训，总结了应对城市轨道交通故意纵火事故的措施。

第一节 2003年2月18日韩国大邱地铁纵火事故

一、大邱市轨道交通概况

大邱市位于韩国南部庆尚北道的南端，距离韩国首都首尔约200公里，是岭南内陆的中心城市，岭南地区的政治、经济和文化中心，也是韩国纺织、印染业及时装中心。大邱市面积885.5平方公里，2010年年底的人口为290万，是韩国第三大城市。

大邱地铁从1997年开始运营，截至2009年已建成两条地铁线路，地铁1号线和地铁2号线分别于1997年和2005年开通，运营总里程为57.3公里，车站56座，图5-1为大邱地铁线路图。正在修建的地铁3号线，采用自动导向轨制式，预计将于2014年建成。大邱地铁由大邱市地铁运营公司负责运营，从2009年起，大邱地铁的票价采用单一票制，票价是1100韩元，如果使用月票，日均票价为950韩元。据统计，大邱地铁2008年客运量为1.1亿人次，日均客运量达30万人次。

图 5-1　大邱地铁线路图

为预防城市轨道交通事故，保障运营事故处置能力，减少对乘客出行的影响，2006年7月9日，韩国政府成立了轨道交通事故调查委员会，隶属于国家土地、交通和海洋事务管理委员会，其主要职责是调查事故发生的原因，并提出预防事故的整改措施，检查轨道交通安全设施防护水平等。

二、事故基本情况

2003年2月18日，韩国大邱市地铁1号线发生乘客故意纵火事故。上午9点54分，1079次列车刚驶入中央路车站，56岁男性乘客金大汉点燃随身携带的两个装满汽油的塑料瓶，火势迅速蔓延到车厢内的座椅、顶板和地板，乘客被困在车厢内无法逃生。3分钟后，1080次列车从对向驶入中央路车站，也被引燃起火。1080次列车驾驶员立即采取措施，车门按常规开启，乘客争先恐后地向外逃生。但不久后，由于列车电源发生故障，1080次列车车厢门突然关闭，列车驾驶员拔出列车主控钥匙并逃离现场，致使一部分乘客被困在车厢内。从火灾事故现场到最近的地面安全出口步行只需2分钟时间，然而上百名乘客却没能被及时疏散到安全地点，两列车的12节车厢全被烈火和浓烟包围，乘客因来不及逃生而窒息身亡。事发列车被严重烧毁，现场一片狼藉（事故现场如图5-2所示），事故发生3小时后，火情得到控制。事故发生后，韩国当地电视台和报纸等媒体高度关注事故情况，及时报道最新救援进展，各国媒体驻当地的记者也纷纷报道事故的伤亡情况、事故原因及事故处置进展情况。据韩国媒体报道，警方经过调查认为，两名驾驶员在火灾发生后有失职行为，特别是后来进入中央路站的1080次列车驾驶员，在逃离火灾现场时拔走了列车的主控钥匙，致使列车完全停电，车门无法打开，导致上百名乘客窒息死亡。而车站管理人员则未实时观察电视监控画面，发现“火警”提示后也没有作出及时的应对措施，对列车驾驶员下达指令的时间也相对滞后。韩国大邱地铁纵火事故最终导致198人死亡，146人受伤，造成的财产损失高达47 亿韩元。

图 5-2　大邱地铁火灾事故现场

2003年8月6日，韩国大邱地方法院对此次纵火事故的相关责任人进行宣判。纵火犯金大汉因患有精神疾病，且经鉴定在纵火时精神不稳定，被以“纵火致死罪”从轻判处无期徒刑；两名列车驾驶员，因未能及时疏散乘客避难，反而自己先逃离现场，被以“业务过失致死伤罪”判刑，其中1080次列车驾驶员被判处五年有期徒刑，1079次列车驾驶员和大邱地铁控制中心调度员被判处四年有期徒刑。

三、处置措施

1. 事故救援

当日上午9点54分，56岁男性乘客金大汉在1079次地铁列车3号车厢点燃随身携带的两个装满汽油的塑料瓶，火势未在第一时间得到控制，引燃列车内座椅包裹的丝绒材料，火势迅速蔓延。12秒以后，发生纵火事故的1079次列车停在中央路站，17秒后中央路站的监控屏上显示“火警”警报，但车站值班员并未引起重视，未向控制中心报告。

9点56分，1079次列车火势持续蔓延，并不断增强，中央路站值班员向地铁控制中心报告发生火灾，但已错过了最佳灭火时机。此时，1080次列车正在接近中央路站，但地铁控制中心没有对1080次列车下达停驶的调度指令，只下达了“注意运行”的指令。

9点58分，1080次列车驶入中央路站，列车进站后，驾驶员才接到指挥中心发来的火灾警报。由于发生火灾，中央路地铁站内电源自动切断，整个站台漆黑一片，充满浓烟，视线不清。同时，1080次列车车厢内电灯爆裂，车厢内广播播放“发生火灾，请乘客暂时等候”，乘客在不知情的情况下在座位上等候通知，延误了逃生时机。

9点59分，列车驾驶员未打开车门，此时地铁控制中心向1080次列车下达了疏散乘客的命令，然而列车驾驶员拔出列车主控钥匙并逃离事故现场，列车车门无法自动打开，乘客没有找到逃生出口。

10点01分，1080次列车4号车厢内一名担任过地铁列车长的乘客，打开了门边座椅下面的紧急开关，手动打开了车门，大约有60多名乘客从4号车厢逃生。同时，火势迅速由1079次列车向1080次列车蔓延，列车车顶和座椅等材料已经完全燃烧，乘客被困车内，伤亡严重。大邱交通警察封锁了地铁车站附近主要交通干道，为赶来的消防车、救护车辟出专用车道。

13点整，中央路站火势基本得到控制。

在此次事故救援过程中，大邱市消防部门调集了6个消防署和42个消防中队，包括900多名消防员和66辆消防车。同时，来自警察、交通、医疗、军队、燃气、电力、自来水和民间救助团体的2000余人参与了救援行动，全部救援力量达3200余人。然而，由于救援人员自身防护设备和救援装备落后，氧气瓶和呼吸面罩数量不足，无法满足大规模救援任务的需要，难以及时对被困人员进行施救。此外，救援人员氧气瓶氧气用完后，无法快速充气，也影响了救援工作的连续性。大邱地铁纵火事故救援工作流程如图5-3所示。

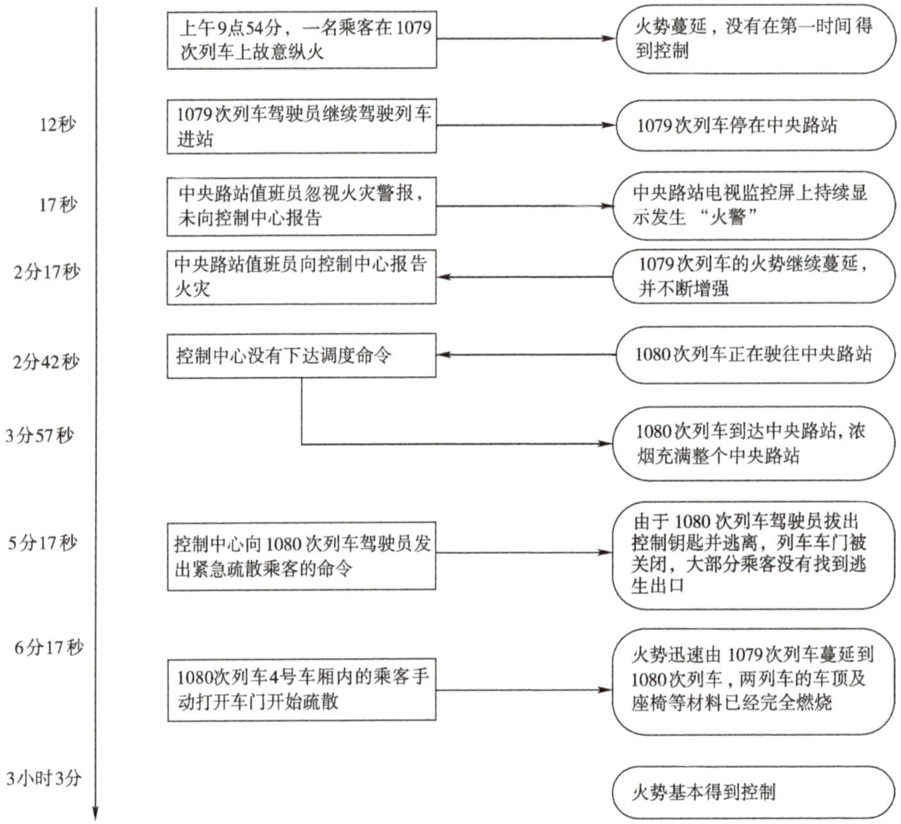

图5-3　韩国大邱地铁纵火事故救援工作流程图

2. 事故应对措施

韩国政府针对此次事故，迅速采取了一系列的应对措施。一是韩国总统指示相关政府部门迅速赶往现场了解事故情况，协助处理善后工作，还通过总统府发言人向死难者及其家属表示哀悼和慰问，同时责成政府部门立即着手研究将大邱市确定为“特别灾区”的有关工作。二是根据韩国法律，大邱市在此次事故后被确定为“特别灾区”，可享受财政和税收方面的优惠，同时得到了政府的重新安置财政拨款。三是政府决定，除抚恤金和保险补偿金以外，还将向每位遇难者的家属提供3300美元的丧葬费和其他费用，受伤者在治疗期间每天可以得到250美元的补助。四是韩国政府决定动用灾难救助储备基金进行善后。韩国建设交通部和大邱市政府分别成立了“事故对策本部”，组织人员开展救援和善后工作。

四、教训及启示

1. 存在的问题和漏洞

大邱地铁在安全设施设备和管理方面存在的问题和漏洞主要表现在以下几个方面：

（1）车站和列车内的安全设施不足。首先，设备方面存在隐患，车站和列车内安全设施不足。大邱地铁的车站内虽然安装了火灾自动报警设备、自动喷淋灭火装置、排烟设备和紧急照明装置，但是这些安全装置（尤其是自动喷淋灭火装置）在应对严重火灾时的处置能力仍明显不足。由于列车上方是高压线，为了防止触电，列车内均未安装自动喷淋灭火装置。因此，火灾刚刚发生时，火情无法在第一时间得到控制，从而不断蔓延。其次，紧急照明装置和出口指示灯均存在问题。车站断电后，整个车站内充满浓烟，一片漆黑，紧急照明装置和出口指示灯均没有亮起。再次，列车座椅（如图5–4所示）、地板等材料均为易燃物，并且燃烧后释放大量有毒气体，而车站内的通风设备能力不足，难以及时排除大量浓烟，最终导致大量乘客窒息死亡。

（2）地铁工作人员应对措施不当。列车驾驶员、车站值班员以及地铁控制中心调度员在处理此次事故时均严重失职。首先，两名列车驾驶员在火灾发生后，既没有采取灭火措施，也没有及时引导乘客疏散，而是自己逃离现场，特别是后来进入中央路车站的1080次列车驾驶员在逃离火灾现场时拔走了列车的主控钥匙，致使列车完全停电，无法自动打开车门，导致大量乘客窒息死亡。第二，车站管理不力，工作人员严重失职，没有及时观察电视监控画面，火势蔓延后也没有对列车驾驶员及时下达停驶指令，致使列车在发生火灾事故的情况下还继续进站，造成了更大的人员伤亡。地铁工作人员应对措施不当，暴露了安全应急教育培训不到位、应急预案缺乏可操作性等问题。

图 5-4　大邱地铁车辆座椅

（3）安全标准滞后。韩国专家特别指出，韩国现行的《消防基本法》只注重固定的建筑和设备，而飞机、船舶、火车等移动交通工具的火灾预防处置在《消防基本法》中尚未明确。据韩国媒体报道，大邱市地铁1997年开通时采用的防火安全标准，是20世纪70年代韩国首次开通地铁时的标准，已经不适应当前地铁运营管理的需要。由于安全标准滞后，车站的装修材料及列车座椅等设施采用了大量的易燃、可燃物品，这些物品燃烧后释放出大量有害气体，也是导致此次事故大量人员伤亡的主要原因。

（4）安全教育流于形式，公众缺乏自救常识。韩国每年都举行“民防训练”，组织市民学习火灾、爆炸、交通事故等紧急情况下的安全逃生知识。但韩国媒体和专家指出，这些“民防训练”大多流于形式，没有起到真正的教育效果。在这次事故中，乘客在慌乱时不知道如何使用灭火器进行灭火，未能在起火初期快速控制火情。另外，火灾发生后，车门因断电关闭，大部分乘客听到广播后，继续在列车内等待。在火势变大、事态越来越严重时，乘客仍存有侥幸心理，继续等待，而没有果断采取措施进行逃生，例如没有利用应急装置手动打开车门，这种盲从使数百人都没有离开燃烧的列车，造成惨重的人员伤亡。由于缺乏应对紧急事件的基本常识，很多乘客错过了逃生的宝贵时机。

2. 本次事故处理的成功之处

此次事故中，韩国大邱地铁运营单位及有关工作人员在此次事故的应急处置中严重失职，但韩国政府面对此次突发事故时，措施较为有力，反应快速，值得称赞。事故发生后，韩国政府指定专人赶往现场了解情况，动用灾难救助储备基金开展善后工作，并向死难者及其家属表示哀悼和慰问，同时提供一定的赔偿。政府部门还采取措施尽快恢复大邱地区的正常生活秩序，同时在汉城、釜山、仁川等拥有地铁的城市制订应对故意纵火事故的预防措施。另外，大邱市还设立 “市民哀悼日” 悼念遇难者，同时提高地铁运营单位和广大市民防范和应对地铁故意纵火事故的安全意识。

3. 本次事故的启示

韩国大邱地铁纵火事故对我们有以下启示：

（1）城市轨道交通系统内的安全设施设备应配备齐全并保持状态良好。列车内应当配备防范火灾事故的安全设备：一是应配备灭火器，让乘客在起火之初能够采取灭火自救行动。二是应配备火灾自动报警设备、自动喷淋灭火装置，除烟设备和紧急照明装置等。三是应确保车站内通风设备的容量，以便能够尽快排除火灾发生时的大量浓烟以及列车内的座椅、地板等燃烧后释放的大量有害气体。

（2）城市轨道交通运营单位应加强安全管理，正确、高效地应对突发事故。城市轨道交通运营单位应建立负责运营安全保障和应急处理的部门，实行必要的安全检查。同时还应对工作人员进行严格的教育和培训，提高运营管理人员的应急处置能力，使他们在发生火灾险情后，能够采取积极的措施，不慌乱，不逃离，准确判断，尽最大努力营救被困乘客，并力争在最短的时间内消除事故。

（3）应不断完善与城市轨道交通运营安全相关的标准规范。城市轨道交通安全问题既涉及设施设备方面的原因，也涉及安全管理和人员素质方面的原因，均可以通过建立相关标准规范进行不断完善。例如，及时制订和更新有关防灾减灾的法律法规以及车站装修、列车设备等相关产品标准，就能够约束、规范各种行为，加强产品质量监管，从源头上有效预防和减少事故的发生，降低事故损失，减少人员伤亡。

（4）对市民进行安全教育和应急演练十分重要。在全社会范围内加强对民众的安全教育和应对灾害训练，对乘客加强消防安全及逃生自救知识的宣传教育，使民众在发生火灾事故时，先自救再求救，最大限度地降低灾害扩展速度、缩小影响范围。在这次火灾事故中，利用应急装置手动打开车门的乘客基本都成功逃生，而其他大部分乘客缺乏灾难判断能力和基本的自救常识，最终造成惨重的人员伤亡。因此，对市民进行安全教育至关重要。

4. 事故后的改进措施

大邱地铁纵火事故给韩国的地铁运营安全敲响了警钟，韩国政府完善了相关安全法规和灾难预防措施，以防止类似大邱地铁纵火事故的再次发生。在大邱市地铁纵火事件发生后，韩国政府对立法进行了完善，并针对地铁火灾制订了具体的安全对策。

韩国政府以大邱地铁事故为契机，设立了应对轨道交通和航空事故等各种大型交通事故的国家交通安全委员会，负责对灾难事故进行综合管理并研究制订预防对策。2004 年1月，韩国政府新设立了消防防灾厅，2004年3月发布了《灾难及安全管理基本法》，规定了灾难的预防、控制及救援的相关措施。此外，还提出了地铁火灾预防及安全对策。具体内容如下：

（1）制定相关安全标准。韩国政府制定了《都市铁路综合计划》和《都市铁路车辆安全基准相关规则》，加强了对阻燃内装修材料以及抗热及无毒材料的利用规定。新制定的《都市铁路设施安全基准相关规则》，对喷淋、灭火、排烟设备性能提出了新要求，并对培养国家灾难预防及控制专家提出了具体要求。

（2）改善应对纵火事故的预防和监控系统。编制了安全预防与监控指南，该指南对脱轨、碰撞、爆炸、恐怖行为、火灾等紧急情况下的应对措施和模拟训练提出了要求；要求增加安全管理人员的数量，实行周期性的安全检查制度，建立了地铁车站的安全认证系统，培训乘客在紧急状态下从列车和车站内逃生的技能。

（3）改善列车的安全性。规定了地铁车辆应该使用阻燃装饰材料。研制新的紧急报警系统，在发生事故时，禁止其他列车进入事故现场。在列车内设置闭路电视摄像机，以便将列车的紧急状况传向控制中心。在列车上配备高性能的灭火器，设置容易接近且信息明显的紧急疏散门。加强对列车的安全监测与维护，建立列车维修数据库。

（4）改善基础设施的安全性。在地铁系统建设紧急疏散隧道，或者在现有隧道内建立安全通道。改善紧急通信系统，提高排烟设备性能，设置烟屏蔽装置以控制烟气流动，使用阻燃站台装饰材料，设置地铁隧道到地面的紧急疏散阶梯和其他逃生通道，改善垂直的通风口，制订消防设备的替换标准，提高自动火灾报警系统的性能，改善紧急导向灯和标志系统，加强设施设计与建设时的安全隐患识别及改进措施。

（5）组织开展安全检查。在事故发生后，韩国政府对全国的地铁系统开展全面安全检查，安全检查范围覆盖消防、警报、避难设施、紧急电话、备用电源、疏散安全通道等各种防灾设施。安全检查的目的，主要是确认设施设备是否正确安装并可以正常运转，特别是设施设备管理员能否在紧急情况下熟练运用。

第二节　2004年1月5日中国香港地铁纵火事故

一、香港轨道交通概况

香港是亚洲重要的金融、服务和航运中心，由香港岛、九龙半岛、新界内陆地区，以及262个大小岛屿组成，下设18个分区，面积1107平方公里，截至2010年年底，香港人口约为700万。香港公共交通系统发达，超过90%的市民选择公共交通系统出行。城市轨道交通是香港公共交通系统的重要组成部分，包括地铁、轻轨、机场快线和干线铁路，图5-5为香港地铁标志。

图5-5　香港地铁标志

香港地铁系统始建于20世纪70年代初。截至2010年年底，香港地铁已发展成为拥有11条路线、运营总里程为218.2公里的网络，具体如图5-6所示。香港地铁共设53个车站，其中换乘站14个。作为香港公共交通的骨干，香港地铁是世界上最繁忙的城市轨道交通系统之一，也是全球最先进的轨道交通系统之一，图5-7为香港地铁车站一景，图5-8为香港地铁的进出站闸机。香港地铁的规划、设计、运营和维修服务均达到国际先进水平，在安全性、服务水平和经济效益方面尤为突出。香港地铁对缓解城市交通拥堵状况发挥了重要作用，有力地分流了路面交通客流，已成为香港市民日常生活不可缺少的部分。

图 5-6　香港地铁线路图

图 5-7　香港地铁车站一景

香港地铁采用集投融资、建设、运营、沿线商业开发统一运作的一体化管理模式，根据每项职能设立部门，将地铁的各种资源高度集中。香港地铁公司是香港政府全资拥有的一家公用事业企业，但它并不由政府直接经营，而是由香港政府委任有关人员组成董事局，按商业原则进行地铁的修建、运营和管理。

香港地铁从启用至今，一直致力于为乘客提供安全、可靠和环保的运输服务。从1992年起，香港地铁公司开始实施一套主动性的安全管理系统，该系统包括安全政策、安全任务及标准化、安全管理程序、安全责任声明、风险控制系统、安全关键系统及安全审核系统七个部分，从政策、管理、操作和监督四个层面实施全方位的运营安全管理，如图5-9所示。

图 5-8　香港地铁的进出站闸机

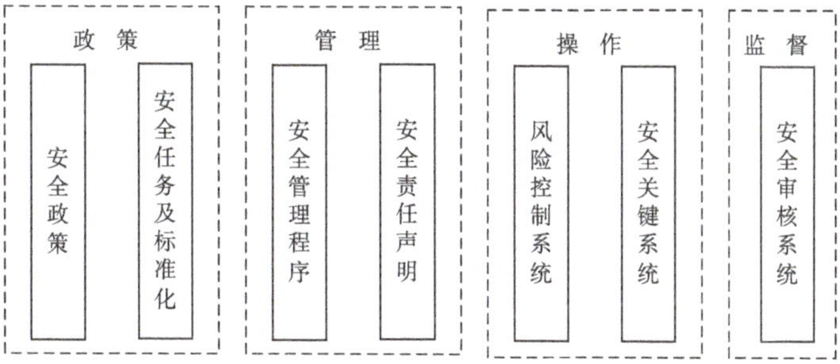

图 5-9　香港地铁安全管理系统

二、事故基本情况

2004年1月5日，香港地铁发生开通运营以来第一起人为纵火事故，但没有造成人员死亡。上午9点12分左右，正值运营高峰时段，地铁荃湾线一列列车运行至尖沙咀与金钟站区间时，一名在列车首节车厢的乘客使用打火机故意纵火，点燃了随身携带的易燃物品，火势迅速蔓延并产生浓烟，现场乘客及时制止和扑救，纵火事故在第一时间得到控制。当时，列车正以自动驾驶模式运行，车上载有1000多名乘客，由于列车驾驶员、车站管理人员及调度员采取正确、迅速的处置措施，这起事故没有造成人员死亡，只有14人因吸入烟雾受轻伤。

事故发生后，香港媒体对事故进行了详细报道和评论。文汇报认为，香港地铁在不具备应对列车纵火案处置经验的情况下，乘客的反应与处理措施是比较理智和恰当的。肇事者纵火后车厢内难免出现恐慌混乱，但乘客在事件中总体反应理智，能在列车到达前方车站后的较短时间内离开列车。同时，香港地铁公司的处置措施也非常成功，列车驾驶员及时向控制中心报告，车站值班员在列车进站后立即紧急疏散乘客和候车人群，避免事件造成重大伤亡。文汇报的评论认为，这次事件给香港地铁安全敲响了警钟，要有效防止地铁事故的发生，须做好以下工作：①要充分做好防范工作；②在事故发生时要迅速应变；③要根据香港地铁特点，完善相关举措，对市民加强防范和应急方面的教育；④此次纵火事故有较强的警示作用，香港所有的公共交通工具和公共场所，都应做好安全防范和应对灾难的工作。

三、处置措施

在整个事故的处置过程中，地铁乘客、列车驾驶员、控制中心以及车站工作人员积极参与，并采取有效措施，很好地控制了事态发展，将事故影响降到最低。事故发生和处置的基本情况如下：

1月5日上午9点，香港地铁荃湾线有乘客发现有人蓄意纵火，并立即大声喝止，果断采取了阻止措施，尽管没能成功地阻止肇事者，但在一定程度上延缓了纵火行为的实施，防止了纵火危害的范围进一步扩大。与此同时，纵火现场的乘客还及时向周围的乘客传递发生纵火事故的警示信息，让其他乘客及时了解事故情况。

列车驾驶员听到后面车厢的嘈杂声后，发现列车驾驶室与后部车厢的隔门底部透出火光及烟雾，立即做出了发生火灾事故的预判，同时启动了乘客紧急通话系统，迅速了解事故情况，并使用无线电紧急频道向控制中心报告。

在获知火灾的严重情况后，控制中心立即启动了火警紧急应对程序。负责监督行车情况的两名行车调度人员在收到报告后，果断指示事发列车继续行驶至金钟站，并指示在隧道内尾随事故列车的T43次列车停止运行，立即折返至尖沙咀站。随后，控制中心向消防处和铁路警区请求支援，宣布发生重大事故，发出"红色警报"，并及时通知香港政府运输署。

尽管当时列车距离前方金钟站1.2公里，仍需行驶1.5分钟，列车驾驶员在接到控制中心发出的 "尽量令列车到达下一车站"的指令后，冷静地将列车安全行驶至目的地。在列车继续行驶的过程中，驾驶员还向乘客发出广播，呼吁乘客保持冷静，指示乘客转移到列车后部，远离起火地点。乘客听从列车驾驶员的指挥，并积极配合，安全撤离到远离起火点的列车后部，减少了人员伤亡。

列车到达金钟站后，立即启动排烟设备，快速清除聚积的烟雾，同时警方及消防部门到达事故现场参与救援。

事故发生后，车站工作人员在出入口乘客信息显示牌上显示"火警，禁止靠近"的标志，并暂时封闭车站以便救援工作顺利展开。事故列车进站后，车站工作人员立即寻找列车起火位置，迅速灭火，并启动车站疏散程序帮助受伤乘客逃离列车，同时协助警察疏散围观乘客。

此次火灾事故救援流程如图5-10所示。

四、教训及启示

1. 本次事故的启示

此次纵火事故是香港地铁开通运营以来第一起纵火事故，非常危险，如处置不当，后果不堪设想。但令人欣慰的是，由于乘客及时制止肇事者、驾驶员冷静处理、控制中心正确应对、车站工作人员及时灭火、运营管理人员训练有素，相关人员协同配合将事故危害降到了最低程度，仅有14名乘客受轻伤。香港地铁公司对此次事故的处置以及安全管理有以下四个方面值得借鉴。

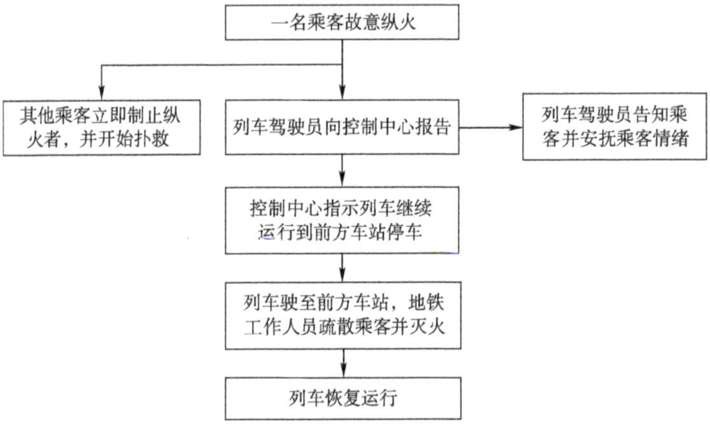

图 5-10　香港地铁火灾事故救援流程

首先，严格实行列车驾驶员从业资格制度。香港地铁的列车驾驶员均需要接受严格训练才能上岗，每名列车驾驶员在上岗前，需要接受至少8周的基础知识培训，内容涵盖铁路设计、列车性能、安全操作以及顾客关系等。之后，还要接受模拟驾驶训练和实习驾驶训练，经过培训后须经考试合格后方可上岗。地铁列车驾驶员从开始工作到可以独立驾驶列车，至少需要经过3到4个月的培训和实习时间。为防止列车驾驶员由于长时间未遇到事故而反应生疏，驾驶员每半年还要接受一次再教育，每年要进行一次包括笔试和模拟驾驶的考试。这种严格的训练模式，保证了列车驾驶员在遭遇紧急事件时，能够采取正确的应对措施。

其次，进行有针对性的事故救援演练。香港地铁针对各种突发事件，定期进行事故救援演练，不断强化运营管理人员的安全意识及协同工作能力。此次事故没有造成较大伤亡，也要归功于救援演练制度。香港地铁每年还与消防部门联合进行至少6次演练，内容包括火警、节假日大客流、乘客不适和恐怖袭击等。此次事故发生前的2003年11月26日，香港地铁系统刚进行了一次火警演练，这次演练对本次事故的应急处置也起到了积极作用。

再次，在城市轨道交通系统规划设计阶段应充分考虑对运营安全的影响。香港地铁在设计方面将列车起火的概率减到最低，车厢内的座椅及扶手采用不锈钢制造（如图5-11所示），广告设施所用的材料均具有防火性能。香港地铁的设计还考虑了隧道中乘客的疏散。1979年地铁通车时，香港地铁公司已对隧道内乘客疏散制订了完整的应急预案，同时，香港地铁隧道内设计了大型抽烟系统、照明系统和通风系统，有利于乘客在隧道内遇紧急情况时快速、方便地疏散。

图 5-11　香港地铁车辆座椅及扶手

最后，事故发生后进行的主动反思和改进有利于避免类似事故的再次发生。香港地铁在每次演练及各类事故发生后，都要根据实际情况、社会发展和技术进步等因素，论证应急程序的优先次序、可行性和执行效率。例如，日本东京地铁1995年发生沙林毒气事故后，香港地铁按照政府部门的要求加强演练，在车厢内的逃生设施及求救通话器上，粘贴易学易用的使用说明，通过投放大型公益宣传广告等，经常向市民进行宣传和教育，并组织学生参观地铁公司，普及安全知识。

2. 事故后的改进措施

从2004年1月5日起，香港地铁开始对进站乘客进行抽样安全检查，检查乘客是否携带易燃物品。除此之外，地铁公司每年举行一次公众教育活动，提醒乘客携带危险品对自身和社会公众的危害，并与相关部门定期进行联合演练，训练职员提高遇到紧急事故时的应急处置能力。以上措施有效地预防了地铁事故的发生。

第三节　纵火事故的预防和应对措施

由于城市轨道交通系统客流量大、疏散困难，纵火事故会给乘客带来恐慌，一旦发生踩踏事故，容易造成重大人员伤亡。因此，如何预防和处置纵火事故至关重要。

一、纵火事故的预防措施

（1）城市轨道交通规划、建设阶段应充分考虑预防、处置火灾事故的需要。在城市轨道交通系统的规划、建设阶段，应避免给运营带来安全隐患。城市轨道交通系统相关设施设备应严格按照有关防火规定进行设计，严禁选用易燃、可燃材料，并应合理设计通风排烟设施、逃生系统、火灾报警和监控系统等。

（2）采取有效措施加强安检工作。由于城市轨道交通系统是一个人员密集的公共场所，人员流动性大，无法像民航系统对乘客进行严格的安全检查，因此，更应设置各类扫描探测装置，配备爆炸物侦察犬等，从而快速识别汽油、炸药等易燃易爆品，保障运营安全。

（3）应建立规范、有序、高效的火灾事故应急指挥体系和责任到位、分工明确的应急处置队伍。火灾事故应急指挥体系一般应由城市轨道交通所在城市政府设立领导小组和现场指挥调度机构，负责城市轨道交通系统事故预防和处理的全面工作，审查和监督各种应急预案和措施的落实，协调各系统工作，对外发布文件与公告等。火灾事故应急处置队伍一般包括两个方面：一是城市轨道交通运营单位的应急处置机构和抢险队伍，主要负责现场抢险和救援的前期控制以及事故后的运营恢复；二是专业的抢险和救援队伍，以公安、消防、交通、医疗、人防、卫生、环保等专业人员为主，多部门的协调运作是高效处理火灾事故的保证。

（4）制订火灾事故应急预案并定期进行模拟演练。应急预案是日常安全管理工作的必要补充，只有事先制订多套突发事故应急预案，增强突发事件的应急处理能力，才能把事故与灾害所造成的人员伤亡和财产损失降到最低程度。城市轨道交通运营单位应组织制订火灾应急预案以及列车在区间发生火灾的救援方案。同时，应根据应急预案定期进行演练，从而提高应急处置的熟练程度。此外，还应加强对城市轨道交通运营单位员工和社会公众的防火安全宣传教育工作，提高安全意识。

二、纵火事故的应对措施

（1）强化火灾初期的控制措施。城市轨道交通火灾事故处置经验表明，火灾发生初期是有效控制、避免恶化的关键阶段，如能在初期阶段将火灾控制在一定范围内，能够最大限度地减少损失。香港地铁纵火案例中，正是由于地铁员工和部分乘客在火灾初期的快速反应和有效控制，才避免了事态扩大和人员伤亡。

（2）立即组织乘客的安全疏散。包括组织站台乘客疏散，必要时关闭站台入口，启动站台通风排烟设备，防止烟雾聚集。同时，组织列车内乘客疏散，如列车运行前方发生火灾，应立即停车，并向控制中心报告，通过车内广播安抚乘客；如列车车内发生火灾，驾驶员要及时控制火情并向控制中心报告，火情难以控制时，要切断外部电源，启用备用电源，并有效组织乘客安全疏散，控制中心应立刻根据列车运行方向相应开启隧道通风系统。

（3）及时通报，组织救援。发生火灾时，控制中心应立即向全线通报运营信息和灾情，并通过车站和列车驾驶员告知乘客。如火灾事故较大，应立即通报公安、消防、交通、医疗、人防、卫生、环保等相关部门，以取得配合和支持，并根据应急预案报政府主管部门。

（4）组织对火灾受损情况进行清查和评估，尽快恢复运营。成立事故调查组，对系统结构及设备的受损情况进行详细的清查和评估，对受损车辆、区段进行修复和重建，消除火灾留下的安全隐患，尽早恢复运营。

（5）分析查找原因，处置相关责任人。火灾发生后，要及时有效地分析、总结和处理，通过查找原因、整改隐患、完善措施来改进管理，防止同类事故重复发生。对于导致事故发生或处置事故不当的相关责任人，应根据相关法律法规程序移交司法部门处置。

第六章　列车相撞事故

城市轨道交通列车在运行状态下，如发生设备异常或者操作错误，可能产生列车运行风险，甚至导致列车相撞。例如，1995年6月，纽约发生一起地铁列车相撞事故，造成1人死亡、69人受伤，主要原因是驾驶员疲劳驾驶；2009年6月，华盛顿也发生了一起严重的地铁列车相撞事故，造成9人死亡、52人受伤，原因是信号系统故障和驾驶员操作失误；2009年12月，上海也发生一起由信号系统故障引起的地铁列车相撞事故，所幸没有造成人员伤亡。本章搜集整理了以上3起事故的基本情况，总结分析了事故处置措施以及经验、启示。

第一节　1995年6月5日美国纽约地铁列车相撞事故

一、纽约市轨道交通概况

纽约是美国最大的城市，是美国的经济中心，由曼哈顿、布鲁克林、布朗克斯、昆斯和斯塔滕岛五个区组成，面积828.8平方公里，2009年人口约836万。纽约作为国际大都市，拥有北美最完善的公共交通系统，包括地铁、公共汽（电）车、郊区轨道交通线路等。

纽约市轨道交通系统历史悠久，1868年，第一条高架轨道交通线路建成并投入运营；1907年，第一条地铁线路建成通车。截至2009年年底，纽约市轨道交通系统总共有线路27条、车站468座，总运营里程337公里。纽约市轨道交通全天24小时不间断运营，2009年共完成客运量15.79亿人次，工作日平均日客运量509万人次，周末平均日客运量252万人次。纽约市轨道交通线网如图6-1所示。

纽约绝大多数地铁站仍采用木质座椅，如图6-2所示，这成为纽约地铁一道独特的风景。另外，纽约地铁客运服务设施全面，车站为行动不便人士提供了便利的乘车条件，如图6-3所示。

图 6-1　纽约市轨道交通线网

纽约市的轨道交通最初由三家相互竞争的公司经营，分别是布鲁克林快速公共交通公司、大区快速公共交通公司和独立地铁系统公司。布鲁克林快速公共交通公司成立于1896年，主要负责布鲁克林区的快速公交、

图 6-2　纽约地铁站内的木质座椅

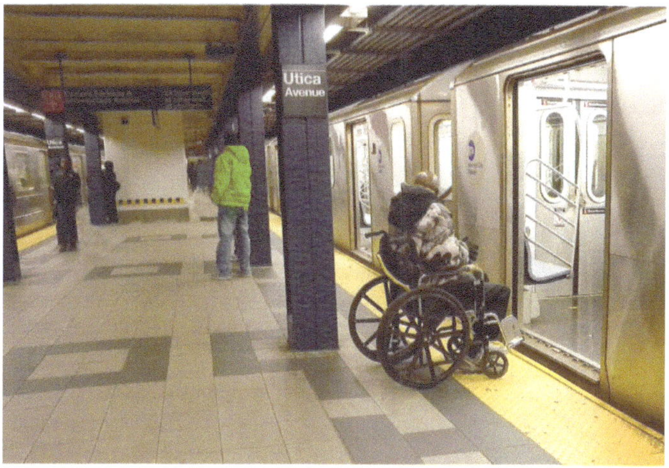

图 6-3　纽约地铁站无障碍乘车

电车和地铁线路的运营。大区快速公共交通公司成立于1902年，主要负责曼哈顿和布朗克斯区的地铁以及高架铁路等快速交通系统的运营。第一次世界大战后，由于战后通货膨胀以及经营不善，布鲁克林快速公共交通公司陷入资金困境，于1923年改组为布鲁克林–曼哈顿公共交通股份有限公司。1932年，政府成立了公营的独立地铁系统公司。目前，纽约市捷运局负责曼哈顿、布鲁克林、布朗克斯以及昆斯区的地铁运营管理。纽约大都会运输署负责纽约州所有区的地铁、公共汽（电）车和通勤铁路的运营。

纽约地铁系统设置了运输、线路维修、车辆维修、车站、供电五个部门。为保障地铁运营安全，纽约专门设立了一支警察队伍，负责制止针对地铁的违法行为，调查犯罪行为，保障乘客安全，维持整个地铁系统的安全运营秩序。

二、事故基本情况

1995年6月5日早上6点12分左右，在纽约地铁威廉斯堡大桥通往布鲁克林区方向的J2-125信号灯以南约16英尺（约5米）处，一列南行的J线地铁列车与一辆停驶在红色信号灯处的M线地铁列车尾部相撞。这起事故造成1人死亡，69人受伤，列车严重损坏，事故现场情况如图6-4所示。

图6-4 纽约地铁相撞事故现场

事故发生后，美国交通运输安全委员会协同纽约各部门对事故进行了调查，并于1995年11月29~30日在纽约市曼哈顿社区举行了听证会。参与听证会的部门包括联邦公共交通管理局、纽约地铁、纽约州公共交通运输安全委员会、美国公共交通协会、美国劳工联盟等组织。纽约时报的报道称，此次事故本可以避免，纽约大都会运输署早在1993年就了解了事故隐患的基本情况，但由于各部门之间缺乏有效的沟通协调，存在的隐患一直没有得到整改，最终导致了此次事故发生。

三、处置措施

事故发生后，纽约地铁、纽约警察局、纽约消防局、纽约紧急医疗服务机构以及美国交通运输安全委员会等部门立即展开救援和事故调查工作，现场救援持续了3个多小时。

6点12分，纽约地铁一辆正在运行的列车与一辆停止的列车发生追尾相撞。

6点14分，车站工作人员开始疏散车站和列车内的乘客。

6点17分，纽约警察局911调度员接到事故报警，派员赶往事故现场，并通知纽约消防局。

6点22分，首支消防分队抵达事故现场。

6点26分，首辆救护车到达现场，并对伤员进行分类救治。

6点33分，紧急医疗服务机构到达事故现场，并建立医疗救治指挥中心，消防部门也在同一时间建立消防救援指挥部。

9点，纽约地铁向美国交通运输安全委员会报告，委员会成立事故调查小组。

9点45分，事故现场救援结束。事故处置流程如表6–1所示。

纽约地铁列车相撞事故处置流程　　表6–1

时间	救援情况
6:12	列车发生追尾
6:14	地铁工作人员开始组织疏散乘客
6:17	纽约警察局 911 调度员接到事故报警，派员前往事故现场，并通知纽约消防局
6:22	首支消防分队到达现场
6:26	首辆救护车到达现场
6:33	紧急医疗服务机构到达事故现场，消防部门建立消防救援指挥部
9:00	纽约地铁向美国交通运输安全委员会报告，委员会成立事故调查小组
9:45	事故救援完毕

1. 纽约地铁采取的措施

事故发生后，纽约地铁采取了以下措施：一是立即组织乘客疏散。事故发生时，J线列车的乘客中有一位休班的列车驾驶员，这位驾驶员发现车厢前部出现烟雾时，立即指挥其他乘客撤离，在第一时间稳定了乘客的情绪，并协助车站工作人员疏散乘客。二是组织应急调度指挥。地铁公司关闭了威廉斯堡大桥，禁止该区段双方向列车的通行。三是通过广播加强对事故情况和救援信息的发布，地铁公司向乘客广播事故信息，建议乘客选择其他交通方式。四是及时向美国交通运输安全委员会报告事故情况，协助安全委员会展开事故调查。

2. 纽约警察局采取的措施

纽约警察局主要负责维持事故现场秩序，协调各部门的救援工作，主要采取了以下措施：一是立即响应，并通知纽约消防局。纽约警察局911调度员接到事故现场人员报警，了解到威廉斯堡大桥发生列车相撞事故后，立即通知纽约消防局，并派出救援人员，首批救援人员5分钟内就抵达了事故现场。二是维持现场秩序，协助疏散乘客。在救援过程中，纽约警察局协助疏散列车乘客，引导人群离开事故现场，同时实施交通管制，护送救护车和应急装备。

3. 纽约消防局采取的措施

纽约消防局主要采取了以下措施：接到911报警中心的通知后，纽约消防局从距事发现场约半英里（约0.8公里）的269亨利大道消防局派出4辆消防车、2辆云梯车以及1支救援分队前往现场救援，到达现场后消防大队迅速建立指挥部，立即开展救援工作。鉴于事发现场位于威廉斯堡大桥，现场情况较为复杂，救援人员使用消防云梯连接列车车厢与邻近的平台，便于快捷、安全地运送伤员。

4. 紧急医疗服务机构采取的措施

紧急医疗服务机构主要采取了以下措施：事故发生20分钟后，首支救援队伍到达现场，根据伤员情况进行分类救助，建立了紧急医疗服务指挥中心，协调伤员现场治疗和转移运送情况。整个救援队伍配备了1辆公交车和47辆救护车。55名伤势较重人员被运送到地区医院进行治疗，一些轻伤人员则在现场附近实施救护，所有受伤人员的救援工作在事故发生约4小时后完毕。

5. 美国交通运输安全委员会采取的措施

事故发生3小时后，美国交通运输安全委员会协同大都会运输署监察长办公室、纽约公共交通运输安全委员会、纽约地铁、纽约消防局、纽约警察局以及纽约紧急医疗服务等部门迅速展开调查，并于1995年11月召开了事故调查结果听证会。

四、教训及启示

1. 存在的问题和漏洞

1）列车驾驶员疲劳驾驶

由于纽约地铁是全天候运营的，对于大多数驾驶员来说，0点到早上6点之间很容易疲劳。在这起事故中，地铁列车驾驶员在列车开向威廉斯堡大桥时出现疲劳症状，以至于其在列车提速后看到前面的停车信号指示来不及采取紧急制动措施，最终导致J线列车与M线列车发生追尾。

研究表明，疲劳驾驶是交通事故的主要诱因。美国交通运输安全委员会针对此次事故，专门对列车驾驶员是否属于疲劳驾驶进行了调查分析，并对其24小时以内的活动情况进行了调查取证，最后证实驾驶员因疲劳驾驶诱发事故。

2）地铁监控及通信系统不完善

纽约地铁列车驾驶员操作手册规定，列车驾驶员遇红色信号灯，列车停止运行时，应立即通知控制中心。由于监控及通信系统不完善，在此次事故中，M线列车在威廉斯堡大桥红色信号灯处停止运行时，并未向控制中心报告这一情况，因此控制中心无法及时向J线列车驾驶员发出警告信息。

美国交通运输安全委员会曾对若干起地铁追尾相撞事故进行了调查。在1990~1995年的6年间，发生了至少4起列车相撞事故，这些事故的共同点是，被撞列车的驾驶员均未向控制中心报告列车停止运行的情况，由于控制中心不能及时将紧急情况告知后行列车的驾驶员，从而导致追尾相撞事故。1990~1995年期间，纽约地铁追尾事故的情况如表6-2所示。

3）信号机间距布置不合理

纽约地铁追尾事故一览表 表6-2

事故发生日期	事故发生地点	事故主要原因
1990 年 7 月 26 日	第九大街	在第九大街停驶，未向控制中心报告情况
1993 年 10 月 7 日	格雷厄姆大街	在格雷厄姆大街停驶 4 分钟，未向控制中心报告情况
1995 年 2 月 6 日	布鲁克林	列车停驶 3 分钟，未向控制中心报告情况
1995 年 6 月 5 日	威廉斯堡大桥	两次遇红色信号灯停驶，在黄色信号灯处缓行近 3 分钟，未向控制中心报告情况

根据美国交通运输安全委员会和纽约地铁等部门的联合调查，纽约地铁普遍存在信号机之间距离过小的情况，不能满足紧急制动距离需要。据统计，纽约地铁系统的信号机平均间距为350英尺（约107米），而威廉斯堡大桥信号机的平均间距为265英尺（约81米）。在列车车速高达34~36英里/小时（54.7~57.9公里/小时）的情况下，需要约300英尺（约91米）的紧急制动距离，威廉斯堡大桥信号机之间的距离并不满足这一紧急制动距离的要求。

2. 本次事故处理的成功之处

此次纽约地铁列车相撞事故仅造成1人死亡，人员伤亡相对较小，这主要得益于应急反应迅速，措施得力。首先，事故发生后，当地应急救援机构反应及时，救援效率高，首批应急救援人员在接到911电话5分钟内就赶到了事故现场。其次，事故发生20分钟后，医疗救援机构抵达现场并根据伤员情况制订了不同的救援措施。再次，在事故发生3个小时后，美国交通运输安全委员会立即到达现场，并组织不同专业技术人员对轨道、信号灯、列车操作过程、驾驶员行为等因素展开调查，为此次事故的原因分析和纽约地铁系统的安全改进提供了依据。

纽约消防局有一套专门针对地铁的事故救援预案，在各个车站和各条线路都能使用防火和灭火设施进行救援。预案规定，纽约消防局在非运营高峰时期应进行安全设施检查和维修工作，包括防火系统、烟雾探测系统、扶梯与疏散通道以及车站周边区域等。纽约消防局对救援人员也进行了各种应急救援措施的培训。在此次事故救援过程中，纽约消防局的工作非常出色。

3. 本次事故的启示

（1）应加强通信设备和信号机设置的管理。纽约地铁的通信设施不完善，信号机设置不合理，是造成此次事故的主要原因。通信设备是构成地铁各部门之间有机联系，实现运输集中统一指挥、行车调度自动化、列车运行自动化以及提高运输效率的必备工具。建立良好的地铁通信系统是确保列车安全运行的首要条件。各种通信信号设施的设置，要充分考虑列车运行的安全性，能够充分应对各种紧急情况。

（2）强化对城市轨道交通列车驾驶员的培训和管理。疲劳驾驶对安全行车会构成严重威胁，是诱发交通事故的重要原因。疲劳驾驶会影响驾驶员的反应速度，降低对危险情况的警觉性和应急处理能力。由于纽约城市轨道交通全天候运营，因此更需要采取有力措施，避免驾驶员疲劳驾驶，保证列车运行安全。事实上，列车驾驶员、调度员以及车站值班员是确保城市轨道交通运营安全的关键岗位，也是进行应急处置的重要联络人，因此应严格规范其资质，并加强对这些关键岗位的持续培训与教育。

4. 事故后的改进措施

（1）研究驾驶员疲劳机理及缓解疲劳方式。此次事故中，驾驶员疲劳驾驶是引发事故的重要原因，针对这一情况，联邦公共交通管理局与美国公共交通协会合作，对列车驾驶员和其他安全岗位工作人员的疲劳机理进行研究，并探讨缓解疲劳的工作方式。这一研究旨在确保列车驾驶员保持最佳的工作状态，将人为因素导致事故的可能性降到最小。

（2）改进地铁系统的安全设施。在这次事故中，列车紧急制动距离不足，这一安全漏洞是由不完善的信号系统造成的。针对这一情况，纽约地铁进行大规模的列车速度监测，这对减少事故起到了明显作用。纽约地铁改进了列车的制动性能，确保列车的制动参数在合理的范围内。1995年制定了列车紧急制动的相关标准，改善了信号机间距设置与制动距离的匹配关系。同时，地铁系统采用了高效的无线通信系统与列车驾驶员进行实时沟通，确保列车运行过程中信息传递的准确性与及时性，减少运营事故的发生。

第二节　2009年6月22日美国华盛顿地铁列车相撞事故

一、华盛顿市轨道交通概况

华盛顿位于美国东部，是美国的首都，同时也是美国的政治中心和文化中心，美国国会、最高法院以及绝大多数政府机构均设置在华盛顿。华盛顿地区拥有美国第二繁忙的城市轨道交通系统，华盛顿都会区城市轨道交通系统自1976年开始运营，一般简称为华盛顿地铁。截至2009年年底，华盛顿地铁共有5条线路、86个车站，运营里程171公里，华盛顿地铁线网如图6–5所示。

图 6–5　华盛顿地铁线网

华盛顿都会区运输管理局负责华盛顿地铁的运营管理。1966年，联邦政府通过法案，成立华盛顿都会区运输管理局，由其负责管理华盛顿大区的地铁以及快速公共交通。华盛顿都会区运输管理局的职权范围包括华盛顿特区、马里兰州及维吉尼亚州。在华盛顿都会区运输管理局的管辖范围内，有地铁运营质量及车辆检测部门、地铁运营控制中心、地铁运营调度部门等机构。

华盛顿都会区还专设地铁警察局，对华盛顿地铁以及公共汽车进行安全巡查，负责乘客及地铁、公共汽车员工的安全。地铁警察局于1976年通过国会批准成立，是一个职权横跨3个州级行政区的警察部门。

二、事故基本情况

华盛顿当地时间2009年6月22日17点，华盛顿东北部两列地铁列车发生了相撞事故。南行的214次列车停在华盛顿东北部与马里兰州交界的地铁红线托腾堡地铁站附近，等候进站命令，同向的112次列车从尾部撞向214次列车，112次列车头部和214次列车尾部均遭到严重损毁，如图6-6所示。后行的112次列车的头部冲入了前行的214次列车尾部，214次列车尾部车厢被严重挤压变形如图6-7所示。此次事故是华盛顿地铁系统自运营以来非常严重的一起列车相撞事故。事故发生后，托腾堡站及塔科马站之间的红线运营服务暂停，新罕布夏大道关闭。此次相撞事故共造成9人死亡、52人受伤，经济损失达1200万美元。

图 6-6　华盛顿地铁列车相撞事故现场

图 6-7　事故现场近景

事故发生后，美国有线电视新闻网、路透社、美国哥伦比亚广播公司、纽约时报以及英国每日邮报等新闻媒体对事故进行了报道和评论。美国有线电视新闻网的报道称，华盛顿市长认为此次事故是华盛顿地铁发生的最致命事故，现场情景触目惊心，一节车厢几乎被完全挤压在一起。消防部门的救援工作持续了大约3个小时，地铁公司的工作主要是疏散现场乘客，恢复地铁正常运营。

路透社的报道称，2004年华盛顿地铁曾发生过一起造成20人受伤的列车相撞事故，美国交通运输安全委员会对事故进行了调查，并建议地铁公司更新陈旧的列车或者对列车的防撞性进行升级改造，然而这一建议并未得到重视。地铁公司发言人称，发生相撞事故的后行列车自1976年就开始投入使用，目前仍有290辆类似的车辆在运营，而地铁公司没有足够的资金进行设备更新。事实上，大量的车辆需要更新改造，其中大部分车辆的运营时间已经超过了30年。

三、处置措施

事故发生后，华盛顿都会区运输管理局、华盛顿特区消防和紧急医疗服务部、华盛顿区警察局、地铁警察局、美国红十字协会以及各医疗救援组织等部门立即组织开展救援工作。美国交通运输安全委员会立即对事故展开调查。

救援工作流程如图6-8所示。

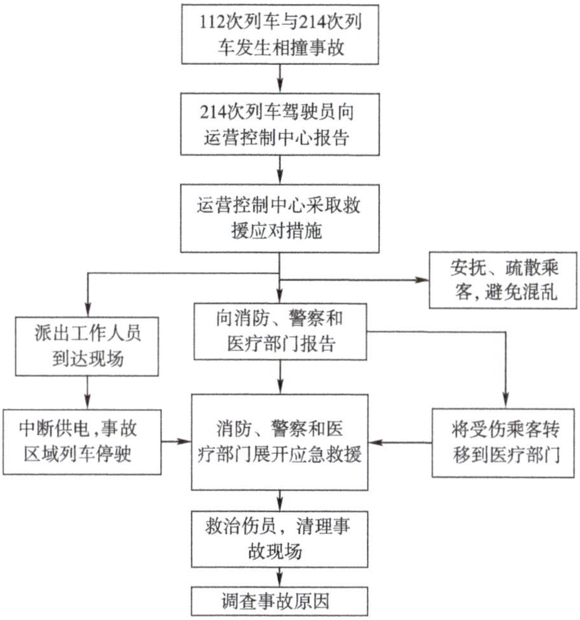

图 6-8　华盛顿地铁列车相撞事故救援流程

1. 列车驾驶员采取的措施

列车驾驶员最先获取事故信息，主要采取了以下措施：一是立即向运营控制中心报告事故情况。事故发生后，214次列车驾驶员首先向控制中心报告了该事故的基本情况。二是组织乘客疏散。列车驾驶员告知乘客待在原处，避免慌乱，并确认乘客伤亡情况，在发现列车尾部出现烟雾后，列车驾驶员随即指挥乘客撤离到列车前部车厢，打开列车紧急通道。三是协助警察、消防和医护人员，对受困受伤乘客进行紧急救治。

2. 运营控制中心采取的措施

运营控制中心主要采取了以下措施：一是立即联系事发列车的驾驶员，了解事故情况。监控人员通过监视器发现红线线路发生运营事故后，试图与112次列车驾驶员取得联系，但没有回应。随即214次列车驾驶员向控制中心报告了事故发生的确切位置。控制中心派出托腾堡站的工作人员前往事故现场确认情况。二是启动应急指挥预案，向其他部门发布事故信息。运营控制中心切断了供电轨电源，指示该区域附近列车停止运行；控制中心还向消防、警察等部门报告了事故情况，并请求支援。

3. 华盛顿特区消防局采取的措施

华盛顿特区消防局采取了以下措施：一是立即抵达现场。事故发生后，消防局立即派出泵车车队、云梯车车队以及消防人员赶赴现场。到达现场后，消防人员与地铁警察首先在轨道上设立警示灯和报警装置，阻止任何可能进入事故区域的列车靠近，保证救援工作的顺利展开。二是准备应对可能突发的火灾。消防局安排泵车车队抵达现场，准备随时应对可能突发的火灾。三是营救被困人员。由于列车相撞后严重损坏，很难直接将受困人员从事故列车中转移出来，救援人员将一台大型营救装置运送到事故现场，切割列车，将被困人员转移出事故现场。

4. 紧急医疗救护组织采取的措施

紧急医疗救护医疗人员在警察的协助下，根据乘客受伤情况，对伤员进行分类救治，并将可移动的伤员转送到现场的救治点或附近的医疗机构。

5. 华盛顿区警察局采取的措施

华盛顿区警察局主要负责维持现场秩序，与消防部门以及地铁警察部门协作展开救援。华盛顿区警察到达事故现场后，临时封锁了事故现场临近的街道和特定区域，方便疏散乘客和运送受伤人员，保障救援工作的顺利开展。

6. 地铁警察局采取的措施

地铁警察局主要负责地铁系统内的事故现场管理和乘客疏散工作。一是地铁警察和消防员在事故区域各个方向的轨道旁树立禁行标志，阻止列车进入。二是阻止无关人员靠近事故现场，维持轨道附近区域的秩序。三是协助消防人员和地铁员工疏散乘客。

7. 美国红十字会采取的措施

美国红十字会采取了以下措施：一是为受伤乘客提供紧急援助，事故发生后1小时，美国红十字会12人组成的团队到达事故现场，为受伤乘客提供饮用水和食物，此外还有12名成员在后方提供援助。二是建立问询中心，红十字会在事故现场附近建立了一个亲属问询中心，帮助市民寻找遇险亲友，安抚市民情绪，帮助市民联系医疗救护服务。

8. 美国交通运输安全委员会采取的措施

美国交通运输安全委员会采取了以下措施：一是进行事故调查取证，事故发生后，美国交通运输安全委员会抵达事故现场进行调查取证，主要调查车厢内部情况、外部情况以及救援工作的情况，并向事故救援部门了解事故情况。二是举行新闻发布会，交通运输安全委员会在新闻发布会上表示，委员会2006年曾针对华盛顿地铁使用的1000型列车进行了一系列的碰撞试验，根据试验结果，委员会建议华盛顿都会区运输管理局更新改造或淘汰这种类型的老旧列车，但是由于财政等多方面的原因，这一建议未被采纳。

四、教训及启示

1. 存在的问题和漏洞

1）信号设备存在故障

此次事故，主要原因是轨道电路模块及自动控制装置等信号系统设备存在故障，从而使112次列车自动控制装置未能检测到停驶的214次列车，继续高速运行，最终导致列车追尾相撞。

实际上，2005年在罗斯林站，同样因为行车信号系统故障，两列地铁列车几乎追尾，幸好反应迅速的列车驾驶员成功利用手动方式紧急制动，列车最终停车，才避免了灾难的发生。在那次险情中，后行列车驾驶员已经发现与前车的间距不能保证安全停车距离，然而行车信号系统仍显示“前方轨道电路空闲”。为此，联邦政府要求华盛顿交通运输部门更换老旧列车，还曾警告交通运输部门应更换年久失修的地铁信号系统，但都未得到重视，最终导致了这次事故的发生。

2）列车驾驶员应急处置经验不足

信号设备故障，导致后行列车与前行列车之间不能保证必要的安全距离，列车驾驶员如未能及时发现，没有采取紧急制动措施，会造成列车追尾相撞事故。事发时，112次列车正处于“自动驾驶”模式，由计算机系统自动执行驾驶程序，列车驾驶员只负责开关车门和应对紧急突发情况。如果列车驾驶员发现自动驾驶系统失灵，应立即紧急制动。然而事故调查人员发现，虽然列车驾驶员已经启动了紧急制动系统，但实施紧急制动的时机相对滞后，导致列车仍撞向了前行的214次列车。

警方和地铁运营单位的调查结果表明，该列车驾驶员曾是一名公共汽车驾驶员，2009年1月被聘为地铁列车驾驶员，3月份接受培训后开始独立工作。截至事故发生时，该驾驶员仅在地铁公司工作了三个月，还不具备足够的应急处置经验。据后行列车的乘客称，列车在撞向前行列车之前，几乎没有采取任何制动措施。

2. 本次事故的启示

此次事故主要是由于信号控制系统故障和人为操作失误引起的。由于信号控制系统是城市轨道交通列车运行的中枢，一旦发生故障，轻则会中断列车运行，重则可能引发运营事故。因此，加强信号控制设备的源头管理和状态监测、及时发现设备故障并进行维修、确保设备完好十分重要。

一方面，要对信号系统的状态进行安全监测，及时发现信号系统的故障并进行维修。在这次事故之前，华盛顿地铁的信号系统曾发生过不止一起类似的故障，只是没有造成人员伤亡，因此未能引起地铁运营单位和交通运输主管部门的重视，没有及时进行检查和整改，最终造成了重大的人员伤亡。

另一方面，要加强地铁运营管理人员特别是列车驾驶员的从业资格管理和职业素质教育。在此次事故调查中，检查了运输系统的信号、轨道、列车以及通信设备等，同时调查了驾驶员的培训记录、过往病史、72小时之内的工作和休息情况以及手机的使用记录等，发现存在的问题并不断规范驾驶员的从业资格管理。信号系统毕竟不是绝对安全的，即使列车具备车载自动驾驶系统，仍要求列车驾驶员具有手动驾驶及应急处置的能力，避免紧急情况下因驾驶员缺乏处置经验而导致发生运营安全事故。

第三节　2009年12月22日上海地铁列车相撞事故

一、上海市轨道交通基本情况

上海市轨道交通第一条线路于1995年4月10日全线正式运营，是继北京、天津后我国内地第三个投入运营的城市轨道交通系统，也是目前世界上运营里程最长的城市轨道交通系统。

2005年7月，上海市政府将运营公司整体划归申通集团实行统一管理，实现了城市轨道交通投资、建设、运营一体化管理，上海市政府只对轨道交通网络的规划、建设及运营方式提供指导性意见。上海市交通运输和港口管理局作为上海轨道交通运营主管部门，主要负责对轨道交通运营单位的日常指导和监管工作。

截至2010年年底，上海市轨道交通运营里程441公里，另有全线位于世博园区内，仅供世博园游客和工作人员搭乘的世博专线。预计到2014年，上海市轨道交通线路将达到600公里，远期规划则达到970公里。2010年上海市城市轨道交通完成客运量18.8亿人次，占上海城市公共交通客运总量的40.1%。图6-9为上海市轨道交通线网图。

图 6-9　上海市轨道交通线网图

在投融资方面，上海市主要采取“市区两级（市政府和轨道交通沿线各区）”模式共同投资组建项目公司，并由项目公司负责建设管理，项目公司人员由投资各方和建设公司技术人员组成。项目公司在申通集团领导下，作为项目融资的主体，吸收各类商业贷款，落实资本金以外的建设资金。市政府以固定价格合约的补贴机制向申通集团注入资本金，主要用于运营补贴及设施设备的更新改造等。

在运营方面，上海轨道交通运营管理为“1+4”模式，其中上海轨道交通运营管理中心负责整体网络运营，而4家运营公司负责各自的客运及车站设施管理等。运营单位作为独立法人企业，申通集团公司与其建立合同关系，对运营进行考核。

申通地铁为了应对城市轨道交通突发应急事件，在市应急委的统一领导下，由市交通安全应急指挥部负责本市轨道交通运营突发事件的应对工作。市地铁抢险救灾指挥部纳入本市突发公共事件应急管理体系。由市地铁抢险救灾指挥部依托本市应急联动工作机制，负责本市城市轨道交通突发事故应急处置组织指挥工作。

市地铁抢险救灾指挥部办公室（以下简称市地铁抢险办），设在市公安局城市轨道交通分局，主要负责与成员单位的联络协调、预案制订与修订、应急演练、信息收集等日常管理工作。同时组建轨道交通突发事故应急处置专家组，由公安、消防、交通、建筑、安全管理、卫生、市政、水务、环保等方面的专家组成。在轨道交通事故发生后，市地铁抢险救灾指挥部从专家组中选择相关专业专家，对重、特大轨道交通事故应急处置工作提出指挥决策建议，并进行技术指导。

二、事故基本情况

上海轨道交通1号线，是上海的第一条地铁，也是上海轨道交通系统最繁忙、最重要的大动脉。上海轨道交通1号线于1993年5月28日开始试运营。一期工程于1995年4月10日全线正式运营，后又陆续实施了多次延伸工程。上海轨道交通1号线南起闵行区莘庄站，北至宝山区富锦路站，全长近37公里，共设28个车站及2个车辆段，1号线线路情况如图6-10所示。

图 6-10　上海轨道交通 1 号线示意图

2009年12月22日，上海轨道交通1号线发生列车侧面相撞事故，事故地点位于富锦路站至上海火车站之间的小交路折返段。当时下行方向150号列车以60.5公里/小时的速度，由中山北路站开往上海火车站。驶近上海火车站时，驾驶员发现前方信号灯为红灯，立即采取紧急制动措施，随后系统才发出制动命令，但此时列车制动距离已不能满足安全停车的要求。6点54分，载有乘客的150号列车以16.5公里/小时的速度与正在折返的117号空载列车侧面相撞，造成150号列车驾驶室受损和第1节车厢的第2位转向架轮对脱轨，导致车体受损，1号线全线停运。事故现场如图6-11所示。

事故发生后，上海市委、市政府高度重视，要求深入查明原因并及时向社会公布，确保城市轨道交通安全运行。上海市交通运输主管部门和国内轨道交通领域的专家对事故进行了调查，经查证，这起事故的主要原因是信号系统的设计人员工作疏漏，导致电路配线出错，使信号系统发出错误指令，从而导致此次事故发生。

图 6-11　上海地铁相撞事故现场

三、处置措施

事故发生后，上海申通地铁集团立即根据应急处置预案和管理制度，采取一系列应急处置措施。一是在相撞事故发生后，立即组织相关人员参加事故救援。抢修（险）人员及时赶到现场，迅速开展现场处置。二是第一时间对1号线的运营组织进行调整，根据客流情况，实施了限流、关闭换乘通道、配合实施公交预案等措施。三是调集工作人员重点做好对乘客的宣传和解释工作。通过上海轨道交通运营协调中心（Comprehensive Operation Coordination Center，简称COCC）实施公交应急预案，快速、准确地向路网传递故障信息，发布处置指令。同时，上海轨道交通运营协调中心利用多种传媒渠道，包括交通广播、地铁公司网站以及乘客信息诱导系统等，滚动发布1号线运营故障、线路调整以及公交接驳等提示信息。

由于地铁1号线为骨干线路，事发适逢工作日上班早高峰时段和冬至出行高峰，客流量巨大，虽然各部门在救援过程中立即响应并紧急出动，但由于应急协同配合熟练程度不够，滞留乘客较多，导致疏散过程缓慢。同时，部分乘客未积极配合地铁运营单位疏散要求，使得疏散效果不理想，也影响了事故救援效率。

四、教训及启示

1. 存在的问题和漏洞

此次事故是由于信号系统故障引起的。从事故原因和应急处置过程来看，主要存在两方面的问题。

（1）信号系统故障监测机制不完善。信号系统的任何一个小故障都可能引发大的事故。事故发生前，信号系统已运行9年，而信号系统故障直到发生此次事故才暴露出来。这反映了信号系统风险因素识别的复杂性以及安全监测的必要性，需要建立完善的信号系统故障监测机制。

（2）事故救援过程中表现出应急处置经验不足。发生事故后，乘客与地铁运营单位之间应急配合处理，地面交通网络、区域交通管理应急联动等方面都存在着一定的问题。针对应急处置和联动协调经验不足的问题，需完善应急处置指挥架构，进一步细化车站应急处置预案，加强车站运营信息发布的执行和监督工作，进一步丰富信息发布渠道，梳理信息发布内容，规范信息发布形式。

2. 本次事故的启示

信号系统等信息化设备有利于提高城市轨道交通运营效率，但由于其技术条件高、制式多样以及接口复杂等特点，对设备的可靠性提出了更高的要求。信号系统设备一旦发生故障，可能会造成严重后果。信号系统故障是此次事故的直接原因，而列车驾驶员的正确处置减轻了事故后果，减少了人员伤亡和财产损失，本次事故主要有以下几点启示：

（1）应规范城市轨道交通信息化产品的标准。信号系统的任何疏漏都会引起异常，并可能导致事故。因此，产品生产单位不能麻痹大意，要高度重视产品质量，对每个数据进行严格测试。城市轨道交通主管部门也应规范城市轨道交通信息化产品的验收标准，提高信号系统的可靠性，从源头上把好安全关。

（2）要切实提高应急预案的科学性和可操作性。在此次事故的救援过程中，由于信息不畅等原因，未能充分发挥协同救援的能力。因此，地方交通运输主管部门应组织轨道交通运营单位进行各种突发事件的应急演练，检验并不断修正各项应急预案，提高应急预案的科学性和可操作性。

（3）应不断提高运营管理人员的安全意识和职业技能。在这次事故中，由于列车驾驶员及时发现险情，提前1秒采取紧急制动措施，降低了事故造成的损失。对城市轨道交通运营管理工作人员进行安全培训，提高其运营安全意识，不仅能保障常态下的行车安全，还能确保运营管理人员在应急情况下采取正确的处置措施，降低事故危害，甚至避免事故的发生。

第四节　列车相撞事故的预防和应对措施

一、列车相撞事故的预防措施

城市轨道交通列车相撞可能会造成灾难性的后果。因此，城市轨道交通运营单位应从设备采购、安全监测、应急预案以及人员管理等方面入手，预防事故的发生。在事故发生后，应采取有效应急措施，最大限度地减少人员伤亡和财产损失。

城市轨道交通发生列车相撞事故的概率较低，但由于客运量大，运行间隔时间短，一旦发生事故不但会中断正常运营，还可能造成严重后果。概括来讲，造成城市轨道交通列车相撞事故的原因主要包括设备因素和人员因素两类。

1. 设备因素

城市轨道交通一般都采用先进的现代化设备，但由于设施设备工作状态不稳定等原因，容易发生事故。一是车辆因素。例如车辆的制动设备发生故障，列车无法正常停车，造成列车相撞。二是轨道因素。例如轨道不平整或出现裂缝，致使列车无法正常运行，导致列车相撞。三是信号系统因素。城市轨道交通信号系统的设置不合理，或者信号系统异常，是导致相撞事故的最主要的设备因素。

2. 人员因素

列车驾驶员的失误，也是造成城市轨道交通列车相撞事故的重要原因。

一是驾驶员疲劳驾驶。疲劳驾驶会使驾驶员的反应速度及警觉性降低，从而出现误判信号或操作不当等错误。特别是发生突发情况时，驾驶员由于疲劳不能及时采取有效的避险措施，可能会引发列车相撞事故。二是驾驶员应急处置经验不足。信号系统或其他设备出现异常时，驾驶员如不能及时做出正确的应对措施，甚至由于慌乱而采取了错误的处置措施，将造成严重的后果。

针对城市轨道交通相撞事故发生原因，城市轨道交通运营单位应强化两个方面的预防措施：

一方面，应加强对车辆、线路和信号系统等设备安全性和可靠性的管理。车辆因素、线路问题以及信号设备，都直接关系到列车的安全运行。在运营筹备阶段，城市轨道交通运营单位应关注这些设备的安全性能，并对设施设备进行严格检测，确保产品质量，把好准入关。在正常运营阶段，运营单位应利用多种手段监测这些设备的工作状态，对相关设施设备进行及时检修，确保设备状态良好。

另一方面，应通过资质管理和加强培训教育等手段，减少城市轨道交通运营管理人员的操作失误，提高其应急处置能力。避免驾驶员疲劳驾驶，保证其高效安全的工作状态。同时，还应加强对运营管理人员的培训，提高从业人员的运营安全意识，避免紧急情况下因缺乏应急处置能力，使事故危害扩大。

二、列车相撞事故的应对措施

城市轨道交通相撞事故发生后，应采取正确的应对措施，重点做好事故安全防护和伤员救助，将事故的危害和损失降至最低限度。具体应做好以下工作：

1. 信息报告

信息报告应包括以下内容：事发地点、时间、汇报人姓名、职务；列车相撞事故原因及影响程度（乘客伤亡情况、列车及相关设备受损情况等）、事件概况等。

2. 救援疏散

避免火灾和踩踏等次生事故发生。列车相撞事故会导致供电系统故障，造成人员伤亡和乘客恐慌，甚至可能引发火灾和踩踏等次生事故。因此，城市轨道交通运营管理人员应迅速判断情况，并根据相关的规章和预案进行处置，配合消防、医疗等部门做好现场救援工作，同时积极组织乘客快速安全疏散。

3. 现场处置

当列车在线路上发生相撞事故，当事人（列车驾驶员、车站值班员）应立即将现场情况及影响程度报总调度，同时列车驾驶员严禁开动列车。总调度接报后，应立即按信息报告流程进行汇报，根据抢险救灾指挥小组指令，向相关部门、抢险救援中心发布抢险命令，若事故发生在运营正线上，总调度应尽快加强与现场沟通、迅速作出反应，确定运营调整方案，做好恢复运营准备，协调、指挥各单位、各部门进行行车调整和客运组织工作，尽可能控制事故影响范围，若总调度判断事故将会引起较长时间晚点，应申请启动公交配合预案。

相关车站救援人员应携带担架等应急救援物品，会同公安部门，火速赶往事发处，对车厢内乘客进行疏散、救援。具体操作时可按事故的严重程度，进行初期疏散和救护，确保乘客安全撤离事发现场。在区间内发生事故时，邻近车站按要求打开区间通风和照明设备，并指派救援人员按总调度救援方案进入区间进行疏散和救援。各车站行车值班员严格按行车调度命令，做好行车调整工作，将事故影响程度降至最低。

4. 调查取证

在迅速处置事故的同时，要高度重视对事故原因的调查取证。事故发生后，一方面要做好现场处置和组织疏散工作，另一方面还要及时记录事故现场情况，包括列车受损情况、线路受损情况以及采取的处置措施等信息。疏散及现场救援完成后，相关部门应根据事故记录情况，组织做好事故原因分析工作，为今后预防和处理此类事故提供参考。

第七章　脱轨事故

城市轨道交通因轨道状况、车辆状况、设备故障以及列车驾驶员操作不当等多种原因，脱轨事故时有发生。城市轨道交通脱轨事故危害性很大，极有可能发生重大人员伤亡。例如，2007年1月7日，华盛顿地铁“绿线”列车从南向轨道转辙至北向轨道时脱轨，撞在隧道壁上，造成23人受伤。本章选取了两起脱轨事故，分析了脱轨原因、处置过程和改进措施，总结了列车脱轨事故的经验教训。

第一节　2006年7月11日美国芝加哥地铁脱轨事故

一、芝加哥市轨道交通概况

芝加哥是美国第三大城市，位于伊利诺伊州东北部，是美国主要的金融、文化、制造业、期货和商品交易中心之一，也是美国重要的航空、铁路和公路枢纽。芝加哥大都市区由芝加哥及其郊区组成，是美国仅次于纽约市和洛杉矶市的第三大都会区，面积约12000平方公里，2009年人口850万。芝加哥市区面积为591平方公里，2009年人口为301万。

截至2009年年底，芝加哥市轨道交通网络共有144座车站，运营线路总长170.8公里，由红线、蓝线、棕线、绿线、橘线、紫线、粉线、黄线8条线路构成，其中红线和蓝线是芝加哥城市轨道交通系统最繁忙的两条线路（芝加哥市轨道交通线网图如图7-1所示）。芝加哥市轨道交通系统的一大特点是以环线方式环绕市中心。以环线为中心的同时，放射线路从各个方向将市中心和郊区卫星城连接起来，形成大容量、便捷、快速的城市轨道交通网络。芝加哥地铁环线和任何一条放射线路都有换乘站，方便乘客换乘。方格状环线地铁与地面方格网状道路系统相统一，这与地面公共交通系统一起构筑了完善的城市公共交通系统。各种城市公共交通换乘标志设置醒目，方便人们乘坐地铁、公共汽车、有轨电车、无轨电车等各种交通工具。

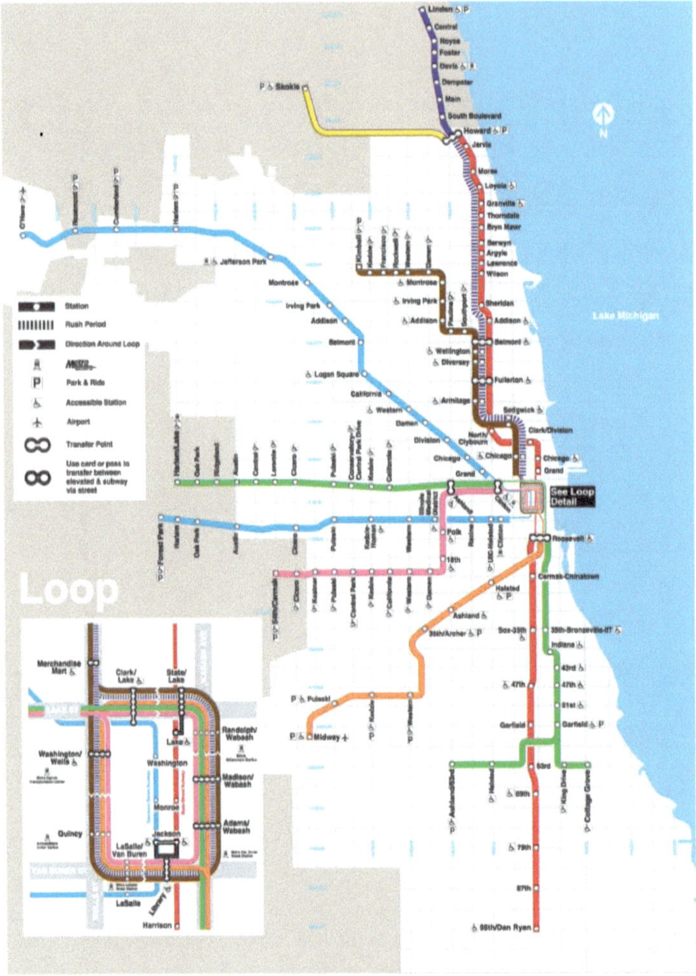

图 7-1　芝加哥市轨道交通线网图

芝加哥于1892年开始修建地铁，是世界上最早建造高架轨道的城市之一。图7-2所示是芝加哥的一个车站，该线路仍采用木质轨枕，体现出了悠久历史，具有浓郁的历史韵味。芝加哥在地铁线路设计中，广泛采用小半径曲线，运输组织非常灵活。图7-3为芝加哥市高架线路东南段的小半径轨

图 7-2　芝加哥市轨道交通车站

图 7-3　芝加哥市高架线路东南段小半径轨道

道，特点突出。

芝加哥市轨道交通系统由芝加哥交通管理局（Chicago Transit Authority，简称CTA）负责运营管理。芝加哥交通管理局成立于1945年，芝加哥市轨道交通系统所有的场站设施、线路、车辆和人员都直接隶属于芝加哥交通管理局。芝加哥交通管理局的权力机构是董事会，由7名董事组成，其中4名董事由芝加哥市长任命，并须提交市议会和州长批准，另外3名董事人选由州参议院批准。芝加哥交通管理局每年制定用于城市轨道交通基础设施投资和城市轨道交通运营的收支预算，并提请地区交通管理局（Regional Transit Authority）批准。地区交通管理局负责芝加哥地区六个市、县的公共交通管理，是芝加哥交通管理局的财务监督机构。

二、事故基本情况

美国当地时间2006年7月11日17点6分，芝加哥一辆北行的“蓝线”220次列车在芝加哥市区克拉克湖站（Clark/Lake）和大密尔沃基站（Grand/Milwaukee）之间因设备故障发生脱轨事故，列车驾驶员立即停车。发生事故的列车为8辆编组，当时车上约有1000名乘客。列车后部的两个车轮脱离轨道后引发了大火，致使隧道内充满浓烟，驾驶员按照程序引导乘客撤离车厢，一些乘客在隧道内根据疏散标志的指引，步行几百米由紧急出口疏散。事故使芝加哥城市轨道交通“蓝线”部分区间的运营暂时中断，直到当天夜间，发生事故的“蓝线”恢复了从市中心到西北方向的单向运营。此次事故造成152人因浓烟受到轻伤，2人伤势严重。

三、处置措施

事故发生后，芝加哥交通管理局、芝加哥消防局以及警察局立即响应，救援工作有序展开。列车脱轨并引发火灾后，列车驾驶员在1分钟之内将列车紧急制动并向控制中心报告，3分钟后，运营单位向911报警中心报警，同时要求控制中心关闭地铁内的电源，停止事发区域的列车运营。4分钟后，消防和警察等部门抵达事故现场，应急照明系统在8分钟后启用。27分钟后，消防人员进入隧道并控制了火情。整个救援工作在1小时以内完成，各部门采取的具体措施如下。

1. 芝加哥交通管理局采取的措施

芝加哥交通局主要采取了以下措施：一是列车驾驶员立即向控制中心报告，组织疏散乘客。事故发生时，驾驶员发现故障后立即实施紧急制动，向控制中心报告事故情况，要求切断电源。在得到控制中心的调度命令后，驾驶员引导乘客打开车门，离开列车，并按照隧道内的疏散标志从紧急出口离开事故现场。二是关闭了事发区域的供电设备，启动应急照明设备。电力控制中心确认事故区域蓝线列车的故障后，手动关闭该区域的供电设备，同时开启紧急出口的应急指示灯和告示板，引导乘客疏散。三是停止了事发区域其他线路列车的运营。关闭了从芝加哥西区经市中心前往国际机场的线路，为事故救援提供空间。

2. 芝加哥消防局采取的措施

芝加哥消防局在接到事故报警后，立即派出消防队员前往事故现场，主要采取了以下措施：一是疏散乘客，提供吸氧设备等救助物品。到达事故现场后，消防人员开始疏散紧急出口处聚集的乘客，在街道上设立了紧急救援点向乘客提供吸氧设备和饮用水等物品。二是进入事发隧道内进行搜救和灭火。消防队员在隧道内进行了多次搜索，确保所有乘客均被安全疏散，确定火源并成功灭火，消除烟雾。整个救援中，芝加哥消防局派出的救援设施和人员包括28辆救护车、15辆泵浦消防车、9辆云梯车、3支重伤救援队伍、1支危险品处理队伍、2支特别救援分队和1个移动通风设备小组等。

3. 芝加哥警察局采取的措施

芝加哥警察局911报警中心接到列车事故报警后，立即派员抵达事故现场维持秩序，协助救援工作，主要采取了以下措施：

（1）了解事故情况。首先到达事故现场的警察向911报警中心报告了事故位置和具体情况，确保调度中心准确掌握事故进展情况，迅速制定应急救援调度方案。

（2）协助消防人员组织乘客疏散。由于列车脱轨后引发火灾，为防止现场发生混乱，警察负责维持秩序并协助消防人员疏散乘客。

（3）协助事故调查。负责调查纵火相关事故的警察协助调查事故原因，排查是否因为纵火或恐怖袭击造成列车脱轨。

事故救援工作流程如图7–4所示。

四、教训及启示

1. 存在的问题和漏洞

根据美国交通运输安全委员会的调查结果，芝加哥地铁系统主要存在安全监管体系不完善和设施设备安全隐患多两方面的问题。

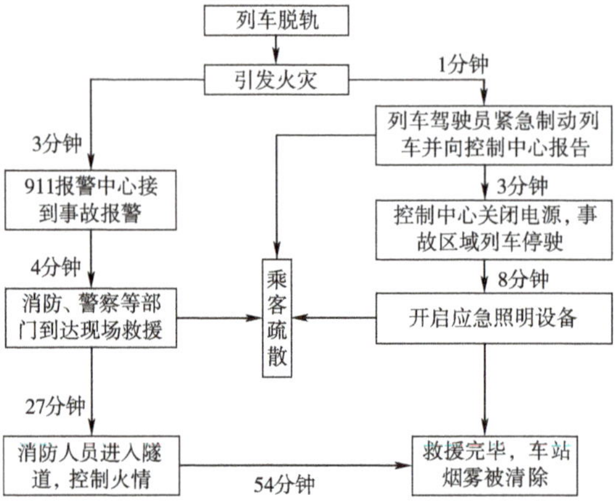

图 7-4 事故救援工作流程图

芝加哥地铁安全监管体系不完善是诱发此次事故的重要原因。在芝加哥交通管理局的运营安全管理中，没有要求安全人员对轨道的安全状态进行监测，安全人员也不具备轨道技术的专业知识背景，日常检查工作的重点是隧道和紧急出口，轨道的检查工作主要由轨道部门负责。安全人员没有对轨道部门检查工作的记录进行核查，因此未能及时发现存在的安全隐患。芝加哥交通管理局对轨道安全性的监管体系不完善，使得安全人员不能及时发现轨道的安全隐患，最终导致了此次事故的发生。

芝加哥地铁的设施设备安全隐患是导致此次事故发生的直接原因。在芝加哥城市轨道交通系统中，轨道磨损、扣件与腐朽的枕木连接不牢靠等安全隐患长期存在，但并未引起城市轨道交通运营单位的足够重视。对于高速行驶的列车来说，轨道的安全性对运营安全起着巨大的保障作用，一旦存在安全隐患，将可能造成不可估量的严重后果。此次事故调查结果表明，轨道安全隐患是造成此次“蓝线”列车脱轨的主要原因。

2. 事故后改进措施

此次事故后，芝加哥交通管理局采取了一系列改进措施，从安全监管体系以及设备更新等方面进行了完善，消除安全隐患。

（1）芝加哥交通管理局对“蓝线”线路的轨道进行了详细检查，替换了所有被腐蚀的钢轨垫板、螺钉和导轨压道板，更换升级了隧道内的所有照明设备。2006年10月，芝加哥交通管理局完成了对整个路网轨道的加固和测量，并将此项工作列入了每年的年度计划。

（2）芝加哥交通管理局对工程及维修部门进行了重组，将轨道安全检查从轨道维修中独立出来。轨道安全检查和轨道设施维护维修点增加了36个，达到105个，其中42个用于轨道安全检查，63个用于轨道设施维修。同时，要求所有的轨道检查人员进行3天的再培训，并将此要求列入了年度计划。

（3）芝加哥交通管理局还修订了轨道的维修标准，以确保轨道安全性。要求所有的安全人员和系统安全工程师对轨道产品标准和相关安全规范进行再学习，并按月提交检查报告。在以后的轨道安全检查中，规定系统安全人员每月都要参与轨道检查，并向轨道维修人员反馈其操作中的不规范行为。此项措施完善了芝加哥的轨道交通安全管理制度。

3. 本次事故的启示

此次事故有以下两个方面的启示：

（1）线路硬件条件是城市轨道交通运营安全的重要保证。城市轨道交通是一个封闭式的交通系统，轨道线路是该系统的重要组成部分，而轨道线路的安全隐患将可能导致事故的发生。例如地面轨道构件存在故障、隧道照明条件差、缺少疏散标志等。因此，安全稳定的轨道设施是保证城市轨道交通运营安全的前提条件。建立起完善的轨道设施安全标准，对相关设备进行定期检查、维修和更换，方能确保城市轨道交通运营安全。

（2）切实有效的安全管理是保障城市轨道交通运营安全的重要手段。城市轨道交通的安全管理，涉及城市轨道交通的规划、建设与运营环节，涉及多个管理部门，是一个复杂的系统工程。为保证城市轨道交通安全运营，各部门应协同合作，从强化安全意识、建立城市轨道交通运营安全工作的长效机制入手，确保城市轨道交通运营安全。

第二节　2007年1月7日美国华盛顿地铁脱轨事故

一、事故基本情况

美国东部时间2007年1月7日15点45分，北行的华盛顿地铁“绿线”504次列车，在华盛顿市中心的维农山庄广场——会展中心站附近脱轨。事故发生时，该列车正在从南向轨道转至北向轨道，第5节车厢突然脱轨，撞在隧道壁上，所幸没有发生倾覆和翻滚。事发列车为6辆编组，载有150多名乘客。事发时前2节车厢已抵达站台，因此前4节车厢的乘客可以通过列车头部的车门离开，后2节车厢的乘客则在救援人员的帮助下，在事故发生45分钟后离开隧道，事故现场如图7-5所示。此次事故共造成23人受伤，1人伤势较重。据华盛顿都会区交通局估计，被损坏车辆的更新替换需要花费约380万美元。

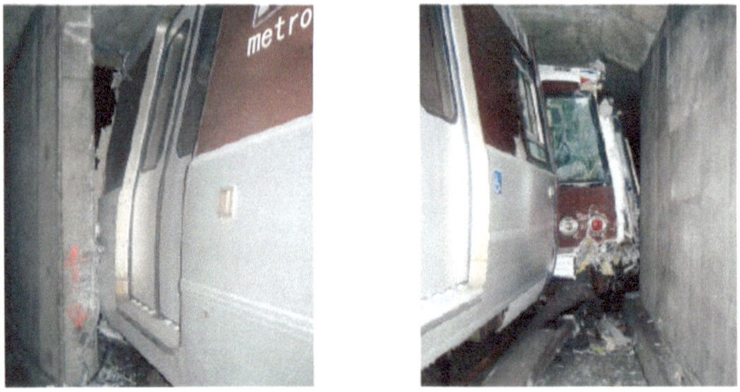

图 7-5　华盛顿地铁列车脱轨事故现场

二、处置措施

华盛顿都会区交通局、911报警中心以及华盛顿区消防和紧急医疗部门全力参与此次事故的救援。

15点45分，在脱轨事故发生后，列车驾驶员立即向控制中心报告事故，等待控制中心下达调度命令。

15点51分，控制中心对列车驾驶员下达调度命令，指示504次列车驾驶员和列车上的车辆维修人员设置列车手动制动，确认事故发生的确切位置，向控制中心报告。车辆维修人员随后确认了事故发生的位置，进入事故车厢检查乘客伤势，将乘客受伤情况向控制中心报告。在后期事故调查中，车辆维修人员还协助美国交通运输安全委员会对列车和轨道进行了性能检测。

15点53分，控制中心向911报警中心报告事故情况，并请求消防、医疗等部门协助事故救援。911报警中心接到报警后，立即对消防和医疗等相关部门下达指令，实行统一调度指挥，相关救援部门迅速赶往现场处置。

16点，消防部门和紧急医疗部门的救援队伍抵达事故现场，立即开始救援工作。

16点23分，华盛顿都会区交通局关闭供电轨的电力供应，消防部门开始对车厢内被困乘客进行疏散。救援队伍由1名消防局副局长、2名消防大队长、5支泵车车队、2支云梯车车队、2支医疗队伍、1支紧急医疗服务队以及3辆救护车组成。

16点26分，列车后两节车厢的人员开始疏散，于16点47分疏散完毕。事故的处置过程如表7–1所示。

华盛顿地铁脱轨事故救援过程　　表7–1

时间	救援情况
15：45	南行列车驾驶员向控制中心报告脱轨事故
15：51	控制中心对列车驾驶员和车辆维修人员下达调度命令
15：53	控制中心助理调度员向911报告脱轨事故
15：57	消防部门和紧急医疗部门向事故现场派遣救援队伍
16：00	救援队伍到达现场
16：23	华盛顿都会区交通局关闭供电轨的电力供应
16：26	列车后两节车厢人员疏散
16：47	人员疏散完毕

三、教训及启示

1. 存在的问题和漏洞

根据美国交通运输安全委员会的调查，此次事故与列车驾驶员的操纵技术、轨道状况、轨道几何形状、信号控制系统、转辙器的位置和维修状况以及列车转动刚度均无直接关系，列车车轮的技术缺陷和安全监管体系的不完善是造成此次事故的主要原因。

（1）列车车轮技术缺陷是导致此次事故的直接原因。此次事故列车车轮表面粗糙增加了列车脱轨的可能性。经调查发现，对此次事故列车车轮进行修整打磨时的质量监控程序不完善，是造成列车脱轨事故的主要原因。

（2）事故地段未设防护轨道是发生事故的另一重要原因。事故后，经地铁维修人员检测分析，8号道岔处未设置防护轨道，增大了列车脱轨的可能性。因此，安全防护设备不完善，也一定程度上会导致事故发生。

（3）华盛顿地铁安全监管体系不完善是诱发此次事故的间接原因。发生事故的504次列车型号属于5000系列车。该型号列车以双车厢电动车组的形式运行，有良好的鲁棒性、刚性和防撞性，但同时也存在扭转性能较差的问题。在此次事故发生之前，5000系列车已经发生了一系列的脱轨事故。在2003~2006年期间，该系列列车至少发生了7起脱轨事故，具体如表7–2所示。

2003~2006年5000系列车在华盛顿发生脱轨事故一览表　　表7–2

时间	事故地点	列车型号
2003年4月17日	亚历山德里亚车辆段	5057
2003年12月9日	亚历山德里亚车辆段	5062
2004年8月19日	西尔弗斯普林站	5186
2004年10月8日	西瀑布教堂车辆段	5138
2006年4月10日	新卡罗尔顿站	5183
2006年6月1日	林荫大道车辆段	5099
2006年7月30日	布伦特伍德车辆段	5007

鉴于这一系列的脱轨事故，华盛顿都会区交通局成立了调查委员会，专门聘请咨询顾问，并请美国公共交通协会参与技术评审。华盛顿都会区交通局对这些事故案例进行了详细论证，但一直没有根据相关的研究成果，制定并实施有效的安全改进措施，最终还是因预防改进措施不到位发生了此次事故。

2. 本次事故处理的成功之处

虽然华盛顿地铁的安全监管体系不完善，相关设备存在技术缺陷，导致发生了此次事故，但是此次事故救援工作还是值得借鉴的，从此次事故的救援过程看，华盛顿地铁的应急反应机制非常迅速。事故发生后，地铁工作人员随即向城市轨道交通控制中心报告事故情况，城市轨道交通控制中心在5分钟内便详细掌握了事故现场情况，并请求相关部门参与救援工作，此举为各部门联合开展救援工作提供了重要信息。各有关部门按照事故有关情况，采取有力措施，迅速开展救援，减少了人员伤亡和财产损失。当然，此次事故处置过程中也存在不足之处，主要表现在事故发生近40分钟后，才将脱轨车厢内的被困乘客疏散完毕。乘客疏散时间过长，可能因火灾产生的烟雾造成更多的人员伤亡。

3. 本次事故的启示

本次事故有三点启示：

（1）应确保轨道和车辆等设备的安全性。城市轨道交通系统是包含轨道、车辆、信号和供电等各种设备的复杂系统，确保系统的安全性既要考虑固定设备，又要考虑移动设备。在轨道的设计上，要满足城市轨道交通车辆安全、快速、大容量运行的要求。在运营过程中，要利用信息化手段对轨道的安全状态进行监测，判断存在的风险因素，并进行及时有效的维修和更新改造，保证列车运营安全。

（2）城市轨道交通运营单位应不断完善应急预案。城市轨道交通系统的安全防范措施通常分为预防、准备、响应、恢复和再预防几个步骤。城市轨道交通系统应构建完善的应急预案，这是避免事故发生和减少事故损失的重要措施。

（3）举一反三，防止类似事故的再次发生。在华盛顿地铁发生此次事故之前，已经发生了一系列类似的脱轨事故，尽管有关部门对在此之前发生的事故进行了调查和分析，但并没有提出并实施有效的改进措施。因此，城市轨道交通运营单位应认真总结已发生的各类事故的经验教训，提出改进措施并进行隐患排查，不断完善应急预案，从预防体系上最大限度地减少事故发生的概率和造成的损失。

第三节　脱轨事故的预防和应对措施

一、脱轨事故的预防措施

根据对芝加哥和华盛顿两起城市轨道交通脱轨事故的分析，造成城市轨道交通脱轨事故的主要原因包括技术设备和安全管理两方面的因素。

（1）城市轨道交通技术设备缺陷故障或外部侵限是引起列车脱轨的主要原因。主要包括以下几方面：①线路设计或铺设不合格，道岔伤损、轨枕伤损、道床伤损、接触轨伤损、钢轨断裂等均可能导致列车脱轨；②列车超速、列车走行部件发生故障，可能导致列车脱轨；③城市轨道交通列车、线路设备等存在老化现象，这些设备一旦发生故障，可能导致列车脱轨事故；④轨道周边物体侵入运营线路，如电缆伪装门坠落、抹灰层脱落和异物侵限，可能引起列车损坏、列车倾覆、列车脱轨等重大安全事故。

（2）城市轨道交通安全管理不到位也是造成列车脱轨事故的深层次原因。具体包括以下两方面：①安全管理体系不完善，无法形成对城市轨道交通事故的点、线、面全面预防体系，致使设备或管理等存在的安全隐患被忽视，从而造成列车脱轨事故。②安全管理人员的专业技能不足。由于城市轨道交通日常养护工作的特殊性，如果设备检修及维护人员没有接受过专业培训，在检修及维护工作中就很有可能造成失误和疏忽，无法及时发现设备故障并进行维修，从而引发事故。

针对脱轨事故发生的原因，应从两个方面加强对脱轨事故的预防：

一方面，应加强对城市轨道交通系统设备的安全监测和维护保养。城市轨道交通运营所依赖的系统设备，虽然已较为先进，列车运行控制软硬件系统也采用了冗余设计来增强系统工作的可靠性，但在长期复杂多变的外部因素干扰下，系统实际运营过程中发生随机故障的情况仍在所难免。为了降低故障的发生概率，就需要及时做好各种设施设备的安全监测和日常维护保养，发现问题应及早解决，最大限度地消除故障隐患，保障城市轨道交通运营安全。

另一方面，应加强安全人员的教育培训。城市轨道交通系统是一个包含土建、车辆、供电设备、通信信号、运营管理等多学科、多专业、多工种的复杂大系统。系统的安全与可靠性应贯穿从工程的前期决策、规划设计、施工建设到运营管理及更新改造的全过程。因此，加强对不同岗位工作人员的培训，不断提高其业务素质，是保证城市轨道交通系统安全高效运营的关键。

二、脱轨事故的应对措施

近年来，城市轨道交通列车脱轨事故不断增多，由于脱轨事故易引起火灾，甚至与临线列车相撞，可能造成重大人员伤亡和财产损失。因此，脱轨事故发生后，应遵循“统一指挥、快速处置，各司其职、配合协调，以人为本、减少灾害，确保安全、恢复运营”的原则，具体措施如下：

1. 信息报告

信息报告应包括以下内容：列车脱轨、冲突、颠覆事发地点、时间、汇报人姓名、职务；列车脱轨、冲突、颠覆事发起因及影响程度（乘客伤亡情况、列车及相关设备受损情况等）、事件概况等。

2. 现场处置

当列车在线路上发生脱轨事故，当事人（列车驾驶员、车站值班员）应立即将现场情况及影响程度报总调度，同时列车驾驶员严禁动车。

总调度接报后，应立即按信息报告流程进行汇报，根据抢险救灾指挥小组指令，向相关部门、抢险救援中心发布抢险命令，若事故发生在运营正线上，总调度应尽快加强与现场沟通、迅速作出反应，确定运营调整方案，做好恢复运营准备，协调、指挥各单位、各部门进行行车调整和客运组织工作，尽可能控制事故影响范围，若总调度判断将对运营造成较长时间晚点的，应申请启动公交配合预案。

相关车站救援人员应携带担架等应急救援物品，会同公安部门，火速赶往事发处，对车厢内乘客进行疏散、救援，具体方式按事故的严重程度，进行初期疏散和救护，确保乘客安全撤离事发现场。在区间内发生时，邻近车站按要求打开区间通风和区间照明，并指派救援人员按救援方案进入区间进行疏散和救援。各车站行车值班员严格按行车调度命令，做好行车调整工作，将事故影响程度降至最低。

脱轨列车的现场起复处置流程如图7-6所示。

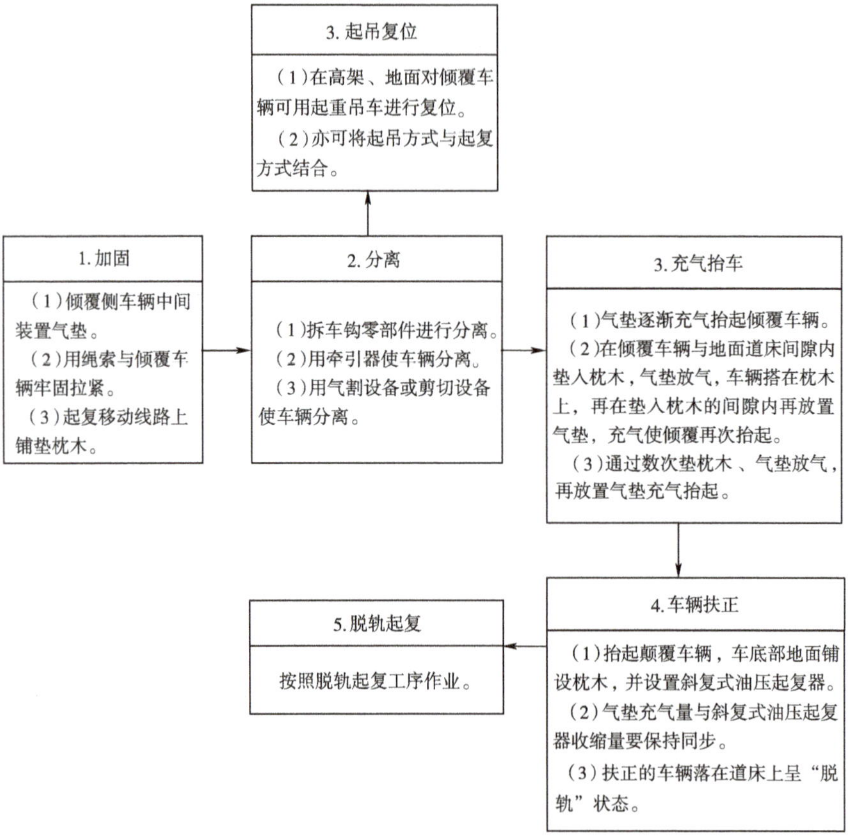

图 7-6　脱轨列车现场起复处置流程图

3. 注意事项

救援现场应划定工作范围，并用警戒线分隔；非工作人员严禁在工作区域内；为了确保人身和设备的安全，在列车事故现场的接触网必须是断电状态，其指令应从指挥中心获得；要密切注意周围情况所发生的变化，确保安全；在实施救援起复作业的现场，起复作业人员必须服从命令，听从指挥，接受救援队长发布的操作命令；在事故救援中如需要动用调机救援，或事故列车起复后自行运行、分部运行时，由各专业技术人员确认车辆、线路及相关设备的技术状态，必须加强安全措施，严格控制运行速度，全面监控列车状态；列车起复救援结束后，必须快速清场，恢复原状。

第八章　停电事故

供电系统是城市轨道交通的动力来源。由于城市轨道交通系统几乎是全天候运营，对供电系统的可靠性和稳定性要求极高。大面积停电不但会中断城市轨道交通的正常运营，甚至会因为列车停留在隧道内而引发次生事故。本章针对国内外城市轨道交通系统发生的几起停电事故，分析了事故处置过程，总结了处理停电事故的经验教训，最后提出了应对停电事故的措施。

第一节　1996年1月19日北京地铁停电事故

一、事故基本情况

1996年1月19日17点18分，由于首都钢铁公司一辆吊车违章作业，损坏了一条输电干线，导致北京第二热电厂发电机组停机，与18座变电所相连的局部电网失效。北京城区西部发生较大范围停电，阜外医院、儿童医院、西单商场等公共营业性场所也都停电。17点21分，地铁1号线的供电系统发生电力中断。事故造成地铁1号线正线行车被迫中断146分钟，停运列车57列，出发晚点列车11列，到达晚点列车25列，调整列车运行图21列。同时，该事故造成2号线停运列车3列，出发晚点列车10列，到达晚点列车29列，调整列车运行图21列，整个疏散过程没有造成人员伤亡。大约 1 小时后，供电恢复正常。

二、处置措施

事故发生后，北京地铁公司迅速启动应急预案，乘客积极配合车站工作人员进行有序疏散，整个事故没有造成人员伤亡。

事发区域的列车驾驶员和车站值班员迅速将事故情况上报指挥中心调度员，行车调度员向总调度室报告。调度室按照地铁公司应急预案，立即通报各级负责人和应急抢险队伍。北京地铁公司供电、机电、车辆、通信信号和客运组织等部门迅速组织抢险人员抵达事故现场。

事发区域的列车驾驶员按应急预案，立即利用列车广播向乘客说明事故情况，稳定乘客情绪，进行宣传疏导，防止乘客情绪过激造成人身事故，并指挥乘客听从车站工作人员安排，按要求疏散。同时，列车驾驶员尽量将列车停留在靠近车站的平直线路上，并打开临时应急照明装置，方便乘客从区间向车站疏散。

列车驾驶员待救援人员到达现场后，迅速组织乘客下车，协助救援人员组织乘客疏散，搀扶老人和小孩。

车站值班员也按应急预案，立即利用无线广播向站内候车乘客进行疏导，说明事故情况，迅速组织乘客有序向站外疏散。

为尽快救援困在区间的乘客，行车调度员向车站值班员发布疏散乘客的调度命令，车站值班员迅速组织救援人员携带应急照明设备和疏散扶梯，赶往事发区间进行救援。事故救援流程如图8-1所示。

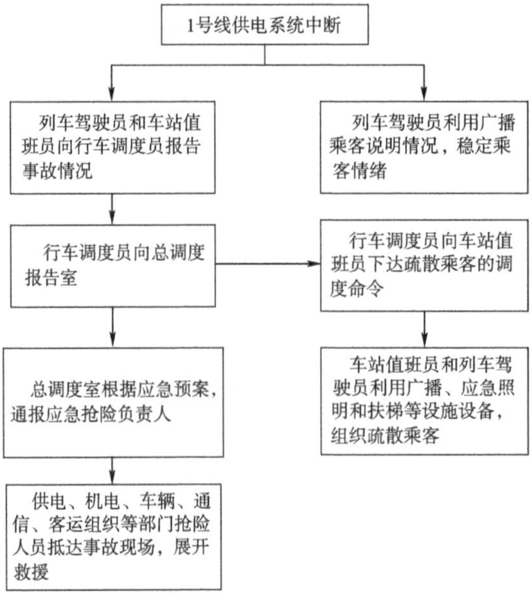

图 8-1　北京地铁 1 号线停电事故处置流程

三、教训及启示

经调查，导致此次事故的原因为北京首钢一段高压输电线被砸断，引起北京市供电系统故障，造成北京城区西部大规模停电，影响地铁牵引供电。事故发生时正值下班运营高峰，由于供电系统失效，57列地铁列车突然停止运行。由于北京地铁公司迅速启动应急预案，处置果断，措施得当，滞留在车上的乘客也积极配合救援人员进行有序疏散，整个事故没有造成人员伤亡。

从此次事故看，有以下经验教训：

（1）城市轨道交通供电十分重要，应预防停电事故的发生。从这起地铁大面积停电事故看，城市轨道交通安全运营不仅仅受到内部因素的影响，而且还可能受到多种外部因素的影响。突发停电事故不仅会中断列车运行，由于事发的突然性，列车可能停在隧道内，因空间有限和光线不足等因素，还可能造成乘客恐慌、拥挤甚至踩踏。因此，城市轨道交通运营单位应做好停电事故的预防工作，一旦发生停电事故，应立即启动应急预案。

（2）针对突发停电事故，要充分落实预防措施和应急处置工作。从这起大面积停电事故的应急处置来看，北京地铁公司应对此次突发事件的各项准备工作充分，指挥体系完善，反应迅速，措施得当，组织有力，最大限度上减少了事故影响。从电力设备的预防措施来讲，北京地铁采用双路电源供电，并备有应急蓄电池，即使两路电源同时失效，应急蓄电池也可以确保调度指挥系统的正常使用，调度员可及时向车站值班员和列车驾驶员下达调度命令。另外，列车、车站和隧道内均设有能提供大约1小时的应急照明设备和手提式辅助电筒，确保了应急条件下的电力供应。

（3）建立事故救援演练制度。北京地铁从开通至今，一直致力于为乘客提供安全、可靠和环保的运输服务。北京地铁公司针对各种突发事件，定期进行事故救援演练，不断强化提高运营管理人员的安全意识、协同工作能力以及突发事件的处理能力。这次事故没有造成混乱和人员伤亡，应归功于北京地铁公司的事故救援演练制度。

此外，北京地铁安全教育基地于2009年挂牌成立，北京地铁所有新员工上岗前都要在此接受安全教育。同时，地铁公司还积极组织市民到安全教育基地参与地铁应急演练，学习正确的逃生知识，包括地铁断电时如何按照救援人员的指挥，进行疏散以及如何选择正确的逃生路线等。

第二节　2010年10月18日伦敦地铁停电事故

一、事故基本情况

2010年10月18日，伦敦地铁发生大规模停电事故，数千乘客的出行受到影响。上午8点50分，由于供电系统故障，朱比利线芬奇利路站和伦敦塔桥站之间的双向线路均中断，事发时正值出行早高峰。事故导致 5列地铁列车被迫停在隧道内，其中3列停在贝克街和圣约翰伍德站之间，1列停在斯维思考特街附近，另1列被困在威斯敏斯特附近。前3列地铁列车中的2000多名乘客，持手电筒从隧道中疏散，后2列车中的乘客则通过相邻车站疏散。事故造成多名乘客被困数小时，超过4000人的出行受到影响。许多乘客被困在拥挤闷热的列车内长达数小时，而地铁保安在此情况下竟然还要求乘客刷卡以后才能出站。一名乘客事后表示，直到上午11点才走出隧道，车厢里几乎没有活动的空间，这段可怕的经历使他不愿意再乘坐地铁。图8-2为此次停电事故中乘客疏散情况。

图 8-2　伦敦地铁停电事故乘客疏散情况

据英国《每日邮报》报道称，此次事故是伦敦地铁开通以来最严重的停电事故。事故发生在星期一的早晨，正是通勤上班高峰，乘客经历了漫长的等待，许多乘客在黑暗中由于呼吸困难而感到恐慌，经过几个小时后，才由工作人员引导，下车沿轨道徒步出站。事故发生后，大多被困乘客由于心理焦虑或者身体不适没能去工作。

二、处置措施

由于此次停电事故造成列车停运，大量乘客被困在隧道或车站内的列车上，因此应急处置主要集中在疏散乘客、避免踩踏和尽快恢复供电三个方面。此次事故救援工作主要由伦敦地铁公司和伦敦交通局执行，伦敦警察局及医疗部门也赶往现场协同疏散救援，进行医疗救助。伦敦地铁公司安全和运输组织部门的相关人员赶往现场疏散乘客，并在伦敦交通局等相关单位的组织下成立调查小组，供电、机电部门的工程技术人员开始排查故障，寻找事故原因，尽快恢复供电系统功能。伦敦交通局表示，伦敦地铁公司愿意向被停电事故延误的乘客道歉，尤其是被困在隧道内的乘客。

三、教训及启示

此次事故反映出伦敦地铁疏散效率不高，救援工作滞后的问题。根据乘客在事后的反映，许多乘客被困在隧道中近三个小时才被成功疏散，应急救援的不及时导致疏散时间被延长。另外，事故发生后从车站疏散的乘客必须通过刷“牡蛎卡”（Oyster Card）的方式才能出站，对乘客的疏散造成了极大不便，同时也降低了疏散效率。

针对伦敦地铁停电事故的发生原因及应急处置过程中存在疏散效率不高的问题，城市轨道交通运营单位应加强以下两方面的工作：

（1）应完善应急设备，确保设备状态完好。在此次停电事故中，事故发生在当日上午8点50分，由于贝克街一带的供电问题导致停电，致使芬奇利路和伦敦桥之间的列车停止运行，导致大量乘客被困在隧道内。由于城市轨道交通列车是以电力进行驱动的，因此确保电力系统的正常工作是保障正常运营的前提。另外，在城市轨道交通系统还应设置电力应急设备、紧急照明设备等，并确保这些应急设备的状态良好，这样在发生停电事故后才能有效地组织乘客疏散。

（2）应通过宣传教育等方式提高乘客应对突发事故的能力。乘客对突发事故的应变能力，也是降低事故伤亡的重要因素。此次伦敦地铁停电事故中，乘客表现出了较好的应对突发事故的能力，乘客冷静有序地听从地铁工作人员和救援人员的指挥，没有因处置不当而严重受伤。因此，通过多种方式向乘客宣传停电时的疏散知识，提高乘客对突发事件的应变能力非常重要。

第三节　停电事故的预防和应对措施

一、停电事故的预防措施

停电事故通常是指城市轨道交通系统整体或较大范围内电力供应中断，严重影响列车运行及乘客出行的事故。停电事故不仅会中断正常运营，也会威胁运营安全，因此应做好停电事故的预防工作。

从国外城市轨道交通停电事故看，造成城市轨道交通大面积停电的原因主要有三类：

（1）电力设备故障是引发城市轨道交通大面积停电的重要原因，此类故障比较多，如变电所变压器故障、整流机组故障、断路器故障、传输电缆故障、接触网(轨)故障、电力系统故障等。

（2）城市轨道交通电力系统受到市域电力网故障的影响，电力网供电中断，会导致城市轨道交通大面积停电。

（3）路面施工等原因对电力系统造成的外力破坏、自然气象灾害对电力系统造成的破坏以及恐怖袭击对电力系统造成的破坏等，都可能会造成城市轨道交通大面积停电。

城市轨道交通大面积停电造成的危害很大，不仅会导致整个系统不能正常运转，而且如果疏散不及时，甚至会导致发生踩踏等次生事故。城市轨道交通供电中断后，将会造成城市轨道交通通信信号、机电等系统不能正常使用，从而引发次生故障和灾害。地铁供电中断后，在人员疏散过程中将产生瞬间大客流，易引起乘客恐慌，如果疏导措施不当可能会造成踩踏、挤压等事故，给乘客带来伤害。同时，由于运营中断后影响了乘客的正常出行，使大量乘客不得不转乘地面交通工具，这将给城市地面交通带来极大压力。

停电事故具有不可预见性的特点，因此必须重点做好日常预防工作，确保各项设施设备完好，避免防护区内作业对供电设施造成破坏。需要从软件和硬件两方面做好以下工作：

（1）完善城市轨道交通大面积停电的应急处置预案。针对可能出现的停电事故，需要强化应急预案的可操作性和实用性。对可能出现的事故，需要加强前期研究和演练，增强应急队伍的处置能力。例如在行车组织方面，如果停电事故发生时列车正在隧道内运行，列车驾驶员应尽可能利用列车惯性使列车运行至前方车站，然后疏散乘客；如果无法将列车运行至前方车站，列车驾驶员应组织乘客从列车紧急疏散门离开，车站工作人员进入隧道组织疏散。

（2）强化关键供电设备的状态监控，完善备用措施。为避免大面积停电事故，需要重点监控变电站、供电机组等关键设备的状态，及时排查故障，完善关键设备的备用措施，提高设备稳定性，配置应急电源，安装无源发光导向标志。

二、停电事故的应对措施

一旦城市轨道交通发生停电事故，城市轨道交通运营单位应按照“以人为本、服务乘客、快速处置、尽快恢复供电，减少事件对运营造成的影响”的原则，采用以下应急处置措施：

1. 信息报告

车站值班员：发生车站停电后，事发车站值班员必须立即报告值班站长、行车调度、生产调度室、警务站，及时做好车站广播工作，按调度员下达的命令贯彻执行。

列车驾驶员：发生区间停电后，列车驾驶员必须及时报告行车调度、生产调度室，并做好相应的广播工作，提前做好列车正常重启的各项准备工作。

生产调度室：公司生产调度室接到停电报告后立即报公司客服部、乘务部和设施部等部门负责人及相关人员。

2. 车站停电处置措施

发生车站停电，车站值班员及时向相关部门通报信息同时全线车站按行车调度指令做好乘客疏导工作；组织车站工作人员对现场情况进行疏导，及时与生产调度室做好信息传递工作，需要关闭车站时，提前做好各方面准备工作，负责做好站内乘客清场工作，通过广播告知乘客因停电，本站暂停办理退票，请乘客在指定时段内办理退票手续。

列车停驶区间两端车站应立即派员步行进入区间引导，并负责维持乘客秩序，按规定方向组织疏散，相关车站同时做好疏散人员的接应工作；车站无应急照明或应急照明投入运行15分钟后，如车站能见度足以保证乘客进出站安全，所有列车正常在该站停车进行上下客作业；如车站能见度不足以保证乘客进出站安全，车站应报告调度员通知全线该车站关闭，停电车站做好关闭车站公告，所有列车通过该车站；如停电车站为终点站，除关闭车站外，所有列车将终点站前一站作为终点站，列车在该站清客完毕后，继续运行至终端站进行折返作业，出发列车始发站相应调整为终点站前一站。停电后，车站闸机设备无法工作，车站应根据行车调度命令采取使用应急票或开启边门让乘客出站的措施。如果需要关闭的车站是换乘站，车站工作人员按调度员下达的命令贯彻执行。如车站有应急照明，在确保安全的前提下所有列车根据调度指令继续正常运行。

3. 区间停电处置措施

接触网（轨）停电造成载客列车迫停在区间时，按以下程序处置：当列车尚未完全出站时，列车驾驶员应立即采取停车措施；若列车已经在区间内，驾驶员则应尽量运行到前方车站，车站值班员应提前排列接车进路；列车驾驶员与行车调度员确定备用通讯联系方式；后续相关列车驾驶员接收行车调度员指令，确定救援列车，并做好救援准备；环控值班员开启风机对区间隧道进行送风，同时命令车站打开区间隧道照明设备；接触网（轨）恢复供电后，列车动车前，若列车车门紧急拉手被拉下，列车驾驶员应对车厢内乘客广播3遍，待紧急拉手恢复后动车；驾驶员应加强瞭望，以随时可停车的安全速度运行至下一站正常载客；后续列车驾驶员应加强瞭望，手动慢速运行。

4. 停电事故处置注意事项

在处置停电事故过程中，应注意以下三点：

（1）城市轨道交通运营单位应迅速响应，第一时间做好乘客安抚和疏散工作。城市轨道交通运营单位作为第一响应单位，应立即启动应急预案，开展应急处置工作。列车驾驶员应立即与调度中心联系，报告所在位置的照明情况，同时通过列车广播系统稳定乘客情绪，并组织乘客疏散。车站工作人员应判明现场情况，检查紧急照明系统和导向标志是否启用，巡查各部位如升降电梯中是否有人员被困等，并协助疏导乘客。车站工作人员还应将收集到的人员、设备、设施受停电影响情况，及时向调度中心报告。另外，相关部门人员应关闭正在操作的设备，并协助车站工作人员疏导乘客。

（2）城市轨道交通运营单位应尽快组织供电专业技术人员进行维修，迅速恢复正常运营。由于供电系统的专业性很强，发生故障后，城市轨道交通运营单位应尽快组织故障排查和抢修队伍，避免其他人员因操作不当造成设备损坏。同时，行车调度人员应迅速制定应急调度方案，确保供电系统正常后迅速恢复运营。

（3）做好乘客的疏散工作。对于乘客来讲，停电事故可能导致乘客恐慌甚至拥挤，因此最重要的就是如何在最短的时间内将乘客疏散到安全地点。总体来讲，第一时间应安抚乘客不要惊慌失措，不要乱跑乱撞，这是确保乘客人身安全的重要原则。城市轨道交通运营单位根据发生停电事故时乘客所在的位置，进行有针对性的安全疏散，避免危险情况发生。如果乘客乘坐的列车停在车站内，或者乘客正在站台候车，那么乘客应在原地等候，不要惊慌。当车站内停电时，有可能只是车站的照明设备失效，乘客应听从工作人员的解释，不要随意走动，不要惊慌，认真配合车站工作人员的疏散方案。一般情况下，车站将启动应急照明设备，列车或车站内的照明设备也能为乘客疏散提供充足的光线。如果乘客乘坐的列车停在隧道内，乘客应听从列车驾驶员的指挥，耐心等待救援人员，不能随意手动打开车门下车并进入隧道。一方面，由于列车距离地面有一定的距离，可能对乘客造成伤害。另一方面，可能存在接触障碍物或供电轨等危险因素。因此，乘客应耐心等待救援人员，利用临时扶梯从无供电轨道的一侧下车进入隧道内，并按照救援人员指定的方向和路线进行疏散。在疏散时要注意排成单行，小心谨慎，不要拥挤。

第九章　踩踏事故

踩踏事故是因某种突发因素而引起大规模人流躁动，造成人群恐慌、拥挤、踩踏而导致的伤亡事故。由于踩踏事故具有突发性的特点，因此不仅会造成较大危害，而且难以防范。城市轨道交通系统客流量大，客流密度较高，某些车站在高峰时段甚至处于超负荷状态，给相关设施设备的稳定性带来巨大压力。在自动扶梯处，客流的高度集中或乘客跌倒都有可能引发踩踏事故；过于狭窄的换乘通道和出入口也是踩踏事故的易发区域。本章以1995年白俄罗斯明斯克踩踏事故和2008年北京地铁踩踏事故为例，分析了两起踩踏事故的基本情况和处置措施，提出了预防踩踏事故的措施。

第一节　1999年5月30日白俄罗斯明斯克踩踏事故

一、明斯克市轨道交通概况

明斯克是白俄罗斯首都，也是白俄罗斯的政治、经济和文化中心，位于白俄罗斯丘陵明斯克高地南部，面积约159平方公里，人口为180多万。

明斯克地铁的建设发展历程如下：1977年2月苏联部长会议通过了在白俄罗斯首都明斯克修建地铁的决定，1977年5月开始动工修建。1984 年6月30日，在明斯克解放40周年前夕，地铁1号线通车，同年从文化学院站到莫斯科斯卡亚车站开通运营，线路长7.84公里，其间设8个车站。1986年，莫斯科斯卡亚站到东方站正式投入运营，线路长1.71公里。1985年开始修建2号线一期工程，从拖拉机厂站到伏龙芝斯卡亚站，线路长6.12公里，于1990年投入正式运营。1995年开始修建2号线延长线，从伏龙芝斯卡亚站到普希金斯卡亚站，长2.92公里，其间设2个车站。1997年，从拖拉机厂站到自动化工厂站建成通车，线路长3.55公里，其间设2个车站。2001年，从自动化工厂站到莫吉廖夫斯卡亚站间建成通车，线路长1.796公里。2003年，建成莫吉廖夫斯科耶车辆段。2005年，建成普希金斯卡亚站到卡缅纳亚站间的区段，线路长3.93 公里，其间设3个车站。2007年，建成1号线东方站到乌鲁奇耶站延长线区段，长2.69公里，其间设2个车站。截至2010年年底，明斯克地铁运营里程共30.3公里，25个车站，其中1号线有11个车站，2号线有14车站，明斯克地铁标志如图9-1所示，明斯克地铁线路如图9-2所示，图9-3为明斯克地铁车站一景。

图 9-1　明斯克地铁标志

图 9-2　明斯克地铁线路图

图 9-3　明斯克地铁车站

明斯克地铁运营组织基本情况如下：明斯克地铁运营时间为早上5点30分至晚上24点。高峰时列车运行间隔时间为：1号线2分钟间隔；2号线2.5分钟间隔。据统计，2009年明斯克地铁总运量为2.5亿人次，日均运量为71.8万人次，地铁承担的客运量占城市总客运量的34%。截至2009年年底，明斯克地铁已开通运营25年，共计完成客运量48亿人次。在前苏联国家城市，明斯克地铁运营里程位居第5，仅次于莫斯科、圣彼得堡、基辅和哈尔科夫。明斯克地铁系统共有车辆272辆，其中1号线有25列，2号线有29列（5节编组），还有2辆备用车，明斯克地铁列车如图9-4所示。

图 9-4　明斯克地铁列车

2009年，明斯克市开始修建1号线延长线，线路长5.31公里，设3个车站，将于2011年投入运营。根据明斯克市地铁规划，还将修建地铁3号线一期工程，从尤比列依纳亚站到洛什莰卡亚站，共6个车站，预计到2030年建成3号线，运营线路总里程将达到59公里，共有45个车站，3个车辆段。

二、事故基本情况

1999年5月30日，白俄罗斯明斯克当地时间晚20点左右，有超过2500人正在参加一场户外摇滚音乐会。突然，天气变化并下起了冰雹，大量观众为躲避冰雹，匆忙涌进了附近的尼阿米亚地铁站。由于事发突然，前往地铁站躲避的人群互相拥挤，争先恐后，与站内的出站客流发生冲突。由于车站现场没有管理人员进行客流疏导，导致几分钟之内迅速演变为踩踏事故。此次事故共造成53人死亡，250多人受伤。

据明斯克当地媒体报道，受害者家属认为事故是由于车站管理人员反应过慢，没有及时疏导人群造成的。受害者家属因此控告了两名当事警察，同时要求市政府在地铁站旁修建教堂纪念受害者，并对受害者家属做出适当赔偿。然而，法院驳回了受害者家属对警察的控告，认为这是一起突发事故，参与救援的警察没有责任，市政府也拒绝了修建教堂的要求。

明斯克市民普遍认为该事故的发生反映了政府和地铁运营单位缺乏处理紧急事故的能力，没有准备应急预案，对地铁工作人员也缺少相应的训练。而政府和地铁运营单位则将主要责任归咎于突发的天气变化，认为没有人能够预测到此类突发情况，并提前作出适当的安排。

三、处置措施

事故发生后，该区域所属应急部门的警察立即赶赴现场进行救援。由于事故发生突然及天气恶劣，场面非常混乱，然而事发区域所属的应急部门没有自主行动权，加之缺乏相应的应急预案，平时也没有进行过相关的演练，救援行动十分困难，事态逐步扩大。另外，紧急医疗系统也不能及时提供有效的救助，导致伤亡人数不断攀升，最终造成惨重后果。为补偿受害者在此次事故中遭受的损失，政府给受害者及家属提供了包括免费医疗、免费乘坐公共交通工具的一系列特权，但这一特权在2003年被取消。

四、教训及启示

此次踩踏事故暴露出明斯克市在地铁应急疏散和紧急医疗救助方面的漏洞。从表面来看，此次事故主要是由于人群盲目拥挤和不能及时疏散造成的。例如因天气恶劣、人们事先不知道避难位置和疏散路线而盲目拥挤。但从深层次来看，地铁安全管理、应急处置不到位，是导致发生严重事故的重要原因。当大量人群涌入地铁车站后，如果能进行有效组织和引导，或者能在进站口维持秩序，并在事故发生后组织有效的抢救，都有可能减少人员伤亡。造成重大伤亡的另一个原因是事发地点附近没有应急救护车，导致不能对受伤人员进行及时救治和转移。

因此，大型活动期间，城市公共交通系统的客流安全应引起各有关部门的高度重视，应让参加活动人员事先掌握避难位置及疏散路线，并做好紧急疏散预案。此次事故是由于大型音乐会和突发天气变化而引起的。地铁运营单位由于事先没有相应的应急预案，救援过程效率相对较低，是导致大量人员伤亡的直接原因。由于城市轨道交通系统空间有限，客流密集，疏散困难，突发事件容易造成乘客过度拥挤，从而导致局部区域内的瞬时客流过度积聚，并有可能演化为踩踏事故，导致重大人员伤亡。此次事故之后，明斯克政府专门设立了应急救护车，每逢大型活动便安排应急救护车在附近待命。

第二节　2008年3月4日北京地铁踩踏事故

一、事故基本情况

2008年3月4日，北京地铁东单站由于扶梯故障，发生乘客踩踏事故，造成乘客受轻伤。当天早上8点26分，在东单站5号线换乘1号线的南侧通道内，水平扶梯突然发出异常声音，引起乘客恐慌，数百名乘客互相拥挤，争相离开自动扶梯，最终导致乘客踩踏事故。此次事故共造成11人受轻伤，东单地铁站内自动扶梯停止运行近3个小时，地铁公司给予受伤乘客适当赔偿。

二、处置措施

事故发生后，地铁运营公司立即启动应急预案，组织疏散乘客，并临时封闭故障扶梯，提醒乘客通过步行换乘。车站管理人员将受伤乘客暂时安置到车站办公室，同时通知医疗救护人员，并向公安部门报告，请求派民警到现场勘察及维持秩序。医疗救护单位安排多辆120急救车赶到东单地铁站，将11名受伤乘客送到附近医院接受检查。随后，抢修人员打开扶梯出口处的地下动力装置进行检修，多名民警则对现场进行勘察。经过近3个小时的抢修，发生故障的扶梯重新投入使用。事故处置流程如图9-5所示。

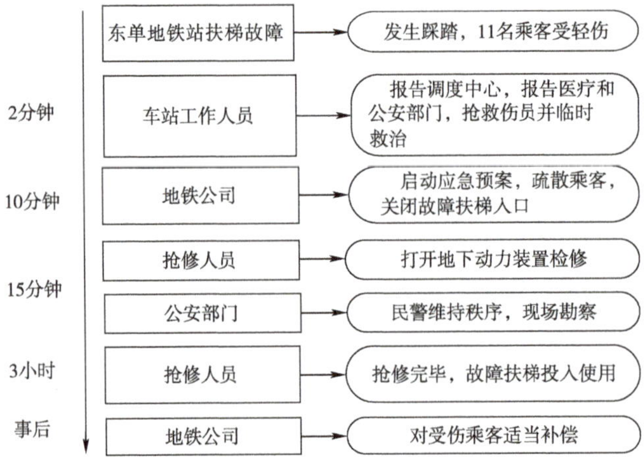

图 9-5　北京地铁东单站踩踏事故处置流程图

针对此次事故，北京地铁公司认真分析事故原因，并进行了大量的改进工作。一方面加强管理，重点关注车站内可能引发踩踏事件的区域，对客流密集的自动扶梯、通道及站台等重点区域实施监控。另一方面，为应对增长的客流、预防拥挤踩踏事故，北京地铁公司在重点车站改建或增设相关安全设施。除改造工作外，北京地铁还加大了对客流的监测与分析，强化客流疏导措施，客流高峰时段在重点车站增派疏导力量，适时采取分流、限流的临时疏导措施。特别是西直门站、东单站、惠新西街南口等客流压力较大的车站，都根据现场情况适当调整客运组织方式，并在可能遭遇大客流冲击时，采取短时限流措施，以确保车站秩序，达到客流可控的目的。这种限流是为了保证全网的整体运营有序，各车站采取全网联动的办法，即车站将高峰时段客运组织情况及时通知相邻车站，以便相邻车站采取有效措施，保证乘客安全乘车，避免在自动扶梯、出入口和换乘通道内发生踩踏事故。

三、教训及启示

经调查，此次踩踏事故中，扶梯发生故障的主要原因是超载。超载导致扶梯发出异常声音，而乘客跨越扶梯、相互推搡的拥挤行为加剧了扶梯超载，进而引发踩踏事故。媒体及公众普遍认为，此次事故反映出地铁管理存在安全隐患，缺乏应对高峰期突发客流的应急处置经验，公众也缺乏防范应急事件的安全意识。

随着城镇居民人口的增多，城市轨道交通线路的延长和路网规模的扩大，运营安全管理工作的难度随之增大。由于规划设计等诸多原因，有些车站的换乘通道或自动扶梯无法适应大规模客流的需求，一旦发生突发事件并造成拥挤，可能引发踩踏事故，造成重大人员伤亡。为应对瞬时大客流，预防踩踏事故的发生，应做好以下四方面的工作。

（1）加强员工培训，提高员工业务素质。统计表明，每一起事故的发生都与人的因素有关。为做好踩踏事故的预防和处置工作，需要加强对运营管理人员的技能教育、安全教育和职业道德教育。

（2）采取多种方式对乘客进行安全宣传教育，应当对公众进行广泛的宣传教育，引导公众树立起在公共场所相互礼让的观念和应急防范意识。

（3）城市轨道交通运营单位应建立完善踩踏事故的应急预案，并组织演练。应急预案是对日常安全管理工作的重要补充，包括处理踩踏事故的人员及设备的配置、处理程序和方法、运营调整策略、信息汇报程序以及医疗救护等内容。对踩踏事故制定相应的应急预案并组织演练，能增强员工的应急处理能力，将人员伤亡和财产损失降到最低程度。

（4）城市轨道交通运营单位应增强对关键时段、关键地点发生踩踏事故的预防和救助能力。对于北京、上海、广州、深圳等城市轨道交通客流量较大的城市，某些线路在高峰时段可能超负荷运营，有些换乘站的换乘通道和出入口的空间狭小，而瞬时客流巨大，存在发生踩踏事故的安全隐患。为预防踩踏事故的发生，运营单位应科学规划乘客的走行路线，做到进出站分流，避免走行流向冲突的情况，而且应增设巡查人员，做好应急准备，及时控制引发乘客恐慌的各种因素。

第三节　踩踏事故的预防和应对措施

一、踩踏事故的预防措施

城市轨道交通系统是一种大容量的公共交通工具，随着客流量的不断增多，在自动扶梯、换乘通道和出入口位置可能发生乘客过度拥挤，因此应做好踩踏事故的预防工作。

城市轨道交通引发踩踏事故的现象逐渐增多。总体来看，引发踩踏事故的原因主要有四个方面：①车站内某些区域的乘客密度过大，超出了设备的设计负荷，例如自动扶梯上乘客过多就可能引发故障；②疏散通道或出入口的设计不合理，车站站台、站厅及换乘通道内有妨碍疏散的无关设施或堆放杂物等；③有突发事件发生，例如发生列车故障、火灾、停电、恐怖袭击等情况；④城市轨道交通运营单位应对突发事件的能力或准备不足，缺乏对突发事件的预警、客流疏散以及现场处置等方面的经验。

针对以上引发踩踏事故的原因，应当做好以下工作，预防踩踏事故的发生：

（1）在规划设计阶段充分考虑设施的客流疏散能力。城市轨道交通系统车站、通道等硬件设施设置应合理，在进行城市轨道交通系统的设计时就应充分考虑到应急疏散的需要，合理设置应急通道并让其保持通畅。

（2）城市轨道交通运营单位应加强客流组织。客流在车站内某些区域的过度集中是造成踩踏事故的主要隐患，当车站内客流较多时，城市轨道交通运营单位应及时加强对客流的疏导，适时采取分流、限流的临时疏导措施，确保乘车秩序。

（3）要不断完善技术装备，提高运输能力。提高城市轨道交通系统的车辆、线路、信号等设备技术装备水平，利用先进的技术装备和高科技手段，避免因设备故障造成列车运行秩序混乱，列车延误，甚至运行中断，导致大量客流聚集的情况。

（4）采用先进的客流管理技术。城市轨道交通系统的客流管理主要可以分为客流预测、客流引导、预警系统、应急疏散几个模块，通过信息技术和管理人员的统一协调，确保城市轨道交通系统内客流的合理流动，避免客流的局部密集。通过采用先进的自动监测及自动报警系统，建立客流预警和应急处置系统，提高对踩踏事故的预防水平。

（5）提高乘客安全素质，普及安全教育。乘客安全素质问题是导致拥挤踩踏事故发生并造成巨大伤亡的根本原因之一。安全教育可分为安全意识教育和安全知识技能教育。安全意识教育引导乘客正确评估周围环境的危险性，树立科学的安全态度，提高对危险的警惕性；安全知识技能教育普及各种安全知识，为乘客提供正确处置危险的各种基础知识和技能，在紧急情况下可以冷静处理，采取正确措施自救，并且能够自觉地相互救助，对行动缓慢或被挤倒的人予以扶助。

（6）加强应急演练。城市轨道交通运营单位要根据各个站点环境条件和容量，预测客流的规模、构成、分布等，充分考虑各种不确定因素，制定出科学、合理的应急预案，并组建一支训练有素的应急队伍，在日常工作中要定时开展应急演练并不断改进应急预案。

二、踩踏事故的应对措施

踩踏事故不仅会造成乘客的恐慌，引发严重的伤亡事故，甚至会使市民对乘坐地铁产生恐惧心理，因此踩踏事故一旦发生，必须采取有效措施加以应对，主要包括以下方面：

1. 处置原则

在处置踩踏事故时应遵循“确保安全、统一指挥、措施有效、合理引导、及时疏散”的原则。做到“一化解、二疏导、三封堵”，对经常性的或可预见的客流爆满站点采用增加运力办法解决；对突发的或超出预见的客流爆满要加强客流组织工作，做到有序进站，有序上车；对暴涨的客流，一时难以疏导时，经请示同意后可采取必要的封站或限流措施。

2. 岗位职责

行车值班员：根据站长的要求，负责信息的收集和传递；不间断地进行广播宣传，稳定乘客情绪，引导乘客向站外疏散，改乘其他交通工具；通过监视器密切关注车站秩序和客流变化，与有关部门保持密切联系；根据行车调度指令，调整运营秩序和客运组织方案；根据车站站长的指令，实施关闭部分或全部进站闸机，关闭部分出入口、降低进站速度等措施。

值班站长：事发车站的值班站长是现场第一指挥人，组织车站工作人员采取各种有效措施进行处置，尽快疏散乘客；做好乘客的劝阻工作，防止事态的进一步扩大；负责组织人员做好客运组织调整工作（如退票、发致歉信、赠票、限流、关闭出入口等）。

站务员：服从站长安排，引导乘客向站厅疏散；保持站台通道畅通，做好宣传工作稳定乘客情绪；监护站台乘客情况，防止乘客跌入轨道。

票务员及服务员：服从站长安排，做好退票、赠票和致歉信的发放工作；保护好票款，必要时将票款转移至安全地点；做好乘客的解释、疏导工作，引导乘客向站外疏散；根据站长指令打开专用通道和消防疏散通道门疏散乘客。

3. 处置措施

应对城市轨道交通踩踏事故应采取以下措施：

（1）立即启动应急预案。踩踏事故发生后，城市轨道交通运营单位应立即启动相关应急预案。车站值班员应及时了解相关情况，并向运营公司生产调度室上报如下信息：事件发生时间、地点；踩踏事故原因、伤亡情况、已采取的措施；报告人单位、姓名、岗位等。同时报值班站长，并联系消防局、站点所属派出所、医疗单位等请求援助。运营公司生产调度室应及时将事故具体情况上报运营调度指挥中心、轨道交通运营主管部门及公安局。在医务人员到达现场前，应积极抢救受伤人员，抓紧时间开展自救和互救。信息报送流程如图9-6所示。

（2）快速疏导现场人员。利用一切有效手段快速疏导事故现场人员，迅速打开全部安全出口，保持安全通道畅通，打开应急照明系统，保证疏散通道照明亮度，让乘客尽快疏散到安全地点，禁止无关人员滞留现场，防止有人故意制造恐慌气氛，避免再次发生踩踏事故。

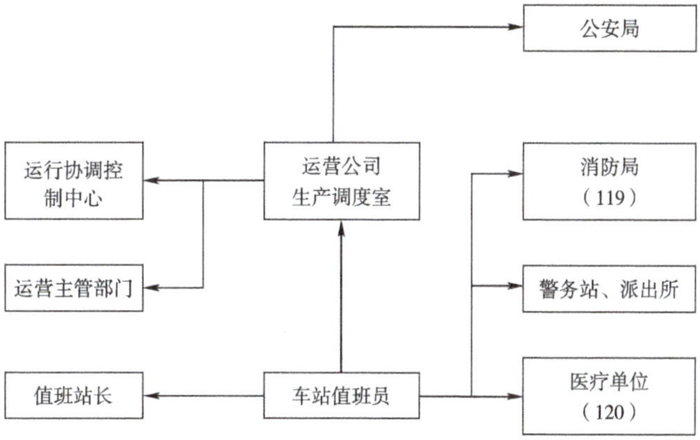

图 9-6　信息报送流程图

（3）提供准确有效的疏散信息。踩踏事故发生时，错误信息或信息缺失会导致客流停滞、异向人群相遇、疏散路径阻塞，使乘客变得绝望和急躁，事态进一步恶化。因此，踩踏事故一旦发生，应充分利用广播系统、扩音设备、指示标志等信息传播手段，及时、准确发布诱导信息、疏散通道、安全出口、警示信息等，进行客流的分流和疏导。车站、列车广播要内容一致，保持同步，防止事态进一步扩大，广播应做到连续、及时、正确。

（4）做好事故善后处理。及时向上级城市轨道交通运营主管部门报告事故的最新情况，特别是人员伤亡的情况。积极配合相关部门做好事故调查、责任认定和善后处理工作。认真分析事故原因，总结反思经验教训，补充完善应急预案。

第十章　乘客坠落站台事故

乘客坠落站台事故是指城市轨道交通系统乘客由于某些原因跌落站台并导致伤亡的事故，造成事故的原因通常包括：站台过度拥挤，乘客醉酒、打闹、跳轨等。乘客坠落站台事故易发生在未安装屏蔽门的城市轨道交通站点。由于城市轨道交通列车高速运行，供电轨带有高压电，坠落站台的乘客与行驶列车相撞或与供电轨接触，极易导致严重伤亡，致使城市轨道交通列车运行中断，给正常运营带来重大影响。本章收集了两起乘客坠落站台事故的基本情况，总结分析了事故原因、救援措施以及经验教训，提出了应对措施。

第一节　2001年12月4日上海地铁乘客坠落站台事故

一、事故基本情况

2001年12月4日晚上22点4分，在上海地铁1号线人民广场站，一名女乘客在列车进站过程中因乘客拥挤意外坠落站台。列车采取了紧急制动措施，但是由于距离较短，列车撞上了乘客，导致坠落乘客当场死亡。地铁列车停止运营约1小时。事故调查认为，站台人流拥挤、乘客争抢上车是导致此次事故的主要原因。

二、处置措施

事故发生后，车站工作人员立即采取紧急抢救措施，并向总调度所、客运分公司调度、事发现场所属派出所、救护中心报告；客运分公司调度向客运分公司领导报告，并通知相关车站；总调度所将事故情况报告总值班室及上海市公安局轨道交通分局；总值班室负责向交通运输主管部门、运营公司领导及公司运营安全处报告。总调度所按照应急预案实施联动处置，各成员单位接到报警后，立即赶赴现场迅速开展救助工作。上海市公安局轨道交通分局对现场进行勘查，分析事故原因，运营单位积极组织乘客疏散。事故处置信息传递流程如图10–1所示，其中事发现场（车站、驾驶员）为信息传递流程起点。

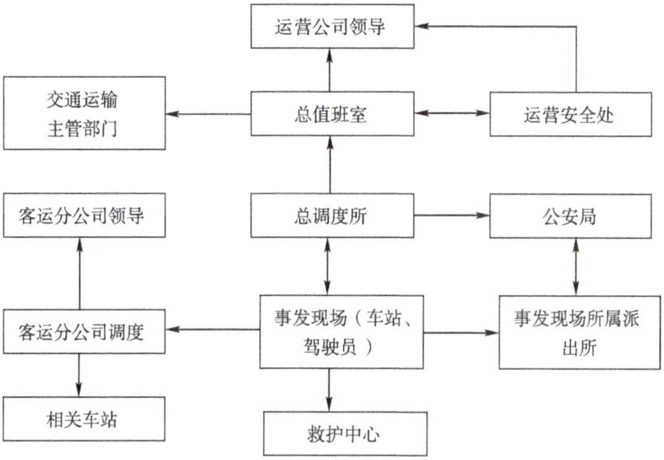

图 10–1　事故处置信息传递流程图

为防止地铁乘客坠落站台事故，2005年，上海地铁公司对上海地铁1号线进行设备更新改造，在上海南站至上海火车站的12座车站安装全封闭的屏蔽门，这也成为上海首条全部安装屏蔽门的城市轨道交通线路。

三、教训及启示

此次事故暴露出两个问题：

（1）车站未安装屏蔽门存在安全隐患。1号线从火车站途经梅陇站至莘庄站，莘庄和梅陇是两个大型住宅区，人民广场是1号线与2号线的换乘站，晚上22点正处于商业区下班和顾客回家时间，短期客流较密集。由于地铁1号线没有安装安全屏蔽门，导致乘客被急于上车的乘客挤下站台。

（2）乘客未按顺序排队乘车。事故发生时间乘客为了抢座位争先上车，未按顺序排队，导致了此次事故发生。

此次事故表明，城市轨道交通运营单位应积极维护乘客乘车秩序，同时应通过安装屏蔽门加强硬件设施，避免乘客坠落站台。据上海市统计，平均每两天就会发生一起乘客违规穿越禁区、进入轨道的事故，仅2004年上海地铁就发生了多起乘客跳轨或意外坠落事故。由于乘客坠落事故存在隐蔽性和难以预见性，城市轨道交通运营单位应不断完善车站硬件设施，通过安装屏蔽门和视频监控系统等手段，预防乘客坠落事故。

第二节　2006年10月23日北京地铁乘客坠落站台事故

一、事故基本情况

2006年10月23日6点40分左右，一名男子在北京地铁1号线苹果园站坠落站台，与进站列车相撞，当场死亡。事故导致苹果园地铁站临时关闭。由于事发时正值早高峰期间，许多乘客被迫改乘其他交通工具。地铁调度指挥中心立即通知电力调度切断供电轨电源，以免乘客触电。此次事故造成坠落乘客死亡，1号线古城至苹果园区间暂停运营34分钟。经调查，北京市公安局公共交通安全保卫分局认为这是一起正常行驶的地铁列车将跳下站台的乘客撞轧致死的事故。

二、处置措施

事故发生后，车站工作人员很快确定了坠落乘客的位置，采取断电措施实施救助，立即通知公安和医疗部门，同时上报指挥中心，对该区段地铁列车进行调度调整。石景山首钢急救站、北京市红十字急救中心接到急救指挥中心电话后，分别派医生赶赴苹果园地铁站，经现场确认该男子已死亡。公安部门经过现场勘验，确认了死亡原因。断电导致旅客滞留在列车内40分钟。

针对此次事故，北京市地铁运营公司对处置此类事故的措施进行了规范，要求一旦有乘客坠落站台，车站工作人员应立即通知指挥中心。列车如果没有进站，应通过列车控制系统给列车下达停车命令。如果列车正在进站，指挥中心应通过无线列调系统通知驾驶员，要求立即采取紧急制动措施。

三、教训及启示

此次事故发生时正处于早高峰，如乘客越过黄色安全线，则可能发生坠入列车轨道的危险。车站安保人员应维持站台秩序，如有乘客试图跳下站台时，应及时劝阻制止。

由于城市轨道交通是在封闭空间内运行的交通工具，一旦发生此类事故，不但会造成坠落乘客伤亡，还会造成列车停运和客流聚集。因此，城市轨道交通站点车站工作人员应积极维持乘车秩序，同时可采取安装屏蔽门等措施来防止乘客坠落。

第三节　乘客坠落站台事故的预防和应对措施

一、乘客坠落站台事故的预防措施

乘客坠落站台事故是近年来城市轨道交通运营中多发的恶性事故，并造成多起人员死亡。从乘客方面来讲，造成此类事故的原因主要有两类：一是意外坠落，如由于客流拥挤而跌落站台；二是由于乘客自身原因，如醉酒、打闹或跳轨。

乘客坠落站台事故发生后，会造成列车延误。列车一旦发生延误，就会造成整条线路无法正常运营，甚至还会影响到网络中其他线路的正常运营，给居民的出行带来很大不便。因此，针对此类事故，可以从以下两个方面进行预防。

（1）安装防止乘客坠落站台的可靠装置。例如屏蔽门，红外线感应器等。广州市地铁1号线共投资2亿元进行站点屏蔽门改造，杜绝乘客跳轨、坠落站台等事件发生。在站台采用屏蔽门装置后，只有在列车进站停稳后，屏蔽门与车门才能打开。乘客乘降完毕后，屏蔽门与车门才能关闭。安装红外线感应器以后，一旦有人越过地面黄线，感应器就能及时发出报警，提醒车站工作人员阻止乘客。

（2）积极宣传并引导乘客安全文明乘车。要千方百计加强安全宣传教育，通过各种方式宣传“安全第一、预防为主”、“以人为本、安全至上”的理念，大力营造“关爱生命、关注安全”的氛围。通过多种宣传引导规范乘客文明乘车，提高乘客的安全意识。车站工作人员还应积极引导乘客有序乘车，特别是在早晚高峰期间，客流量较大，车站工作人员应做好客流引导工作，防止因为乘客拥挤造成坠落事故。

二、乘客坠落站台事故的应对措施

处置乘客坠落站台事故必须遵循“属地管理、各负其责；优先抢救伤者、尽快恢复运营”的原则，积极开展事故救援处理。

1. 组织指挥体系及职责

事发城市轨道交通车站站长是事故前期处置负责人。事发地所属城市轨道交通客运分公司领导到达现场后接管事发车站站长指挥权。接管现场指挥者必须充分了解事发现场情况，被接替者必须主动汇报事态发展情况后，接受现场指挥者的指挥。

2. 信息传递内容流程

信息传递的主要内容应包括：事故发生地点、时间，列车车次、报告人姓名，事故概况，包括伤亡者性别、大概年龄、伤势情况、伤亡者具体位置、已采取的措施及运营受影响的情况等，以及其他相关信息。现场信息第一人（车站值班员、列车驾驶员等）应在事故发生后立即报告总调度所行车调度；并报所属分公司调度中心；行车调度接报后立即报告城市轨道交通控制指挥中心及运营公司值班室。

3. 现场处置工作职责及处置要求

（1）行车调度员工作职责及处置要求。一是负责制定运营调整方案，及时与现场沟通，并将现场处置的关键节点通报有关车站，指导全线做好信息发布和疏导工作。二是接到车站值班站长恢复运行的请示后，下达恢复运行的指令，并报上级控制指挥中心。三是负责下达执行有关预案的指令。

（2）车站值班站长工作职责及处置要求。一是事发后即为事故前期处置责任人，全权负责事故前期现场处置工作，公安人员到达现场后，指令有关人员配合公安人员展开有关工作。二是组织人员抢救伤者、疏散围观乘客、协助警方保护现场、维护现场秩序，协调各相关部门工作，并组织人员做好客运组织调整工作。三是带领站务员并携带必要的处置工具（如对讲机、照相机、手电筒等）至事故现场确认伤亡者位置。四是组织人员迅速将死伤乘客移至站台，若在移动有困难的情况下，可将死伤者移至安全位置，确认工作人员撤离线路后，通知驾驶员移动列车对位进行上下客作业，待列车驶离后再移动死伤乘客至站台隐蔽处。五是事故现场处置结束后，速报总调度请求恢复运行。六是现场指挥时必须佩戴值班站长胸牌，以便识别。

（3）列车驾驶员工作职责及处置要求。一是续报事态发展情况并保持与总调度现场处置情况的信息沟通。二是对列车内乘客进行安抚性广播宣传，稳定乘客情绪。三是帮助值班站长和民警寻找伤亡者，密切配合现场勘查人员前期调查和证据收集。四是接受现场指挥人员动车指令，并及时将信息传递至行车调度。接到现场指挥者恢复运营的通知后，应作详细记录。五是接受公安机关就事故的进一步勘验和调查，并如实反映情况。

（4）行车值班员工作职责及处置要求。一是及时向总调度汇报情况，并通知120急救中心至现场抢救。二是对车站内乘客进行不间断广播宣传。三是通过监视器密切注意车站动态，与有关部门保持联络，负责各部门与车站有关人员间的信息传递。四是根据总调度指令，调整运营方案和传递客运组织方案。

（5）车站站务员工作职责及处置要求。一是接受现场指挥命令，及时抢救伤者或处置现场。二是做好站台监护、防止围观乘客跌入道床。三是保护现场，挽留目击证人（或请目击证人留下联系电话、住址或办公地址）。

（6）执勤公安人员职责及处置要求。一是接警后快速赶赴事故现场，立即进行现场勘查检验、取证工作，同时划定警戒线，将无关人员劝出警戒线以外。二是会同车站工作人员共同做好目击者的取证工作。三是现场勘查取证完毕，会同站务人员将死伤乘客移出。四是配合有关部门做好伤亡人员的善后工作。

第十一章　自然灾害造成的事故

在城市轨道交通运营期间，可能遭受水淹、台风、冰冻、地震、雷击以及滑坡等自然灾害，从而引发行车事故。以城市轨道交通的供电系统为例，由于通常采用接触网或供电轨的形式供电，供电设备一旦遭受事故，将直接影响列车运行，甚至引发火灾。例如，1995年1月发生的日本阪神地震，2003年11月北京的大雪均造成部分地铁列车无法启动的事故，给地铁运营造成了严重影响。本章以日本阪神大地震对地铁的影响及我国上海地铁和重庆轻轨遭受的两起自然灾害为例，介绍了自然灾害引发的城市轨道交通事故的基本情况及处置措施。

第一节　1995年1月17日日本阪神地震造成的事故

一、大阪市轨道交通概况

大阪位于日本中部，是日本关西地区的第二大城市，也是第二大港口，是日本经济、文化和贸易中心。大阪府面积约1893平方公里，人口约880万人（不包括居住的约21万外国人），市区面积只有220平方公里，居住人口260万，每天的流动人口近150万。大阪府交通以大阪府厅为中心，以30分钟10公里交通圈、放射线向四周拓展。

大阪公共交通发展经历了由公共汽（电）车为主到以轨道交通方式为主的过程。20世纪60年代，随着汽车数量的剧增，公共汽（电）车受到巨大冲击，1969年底，有轨电车和无轨电车被迫撤掉，政府制订了地铁事业发展计划。20世纪70年代，棋盘状的6条线共64.2公里的地铁网初步形成，1997年8月第7条线建成。目前，大阪市已经建成了总长129.9公里的8条城市轨道交通线路，城市轨道交通系统在连接大阪市中心与周边城市方面起到了重要的作用，大阪市的轨道交通网络见图11-1。大阪市内城市轨道交通网上下数层，密布城市的各个角落，通过城市轨道交通市民几乎可以到达大阪市的任何地方。

图 11-1　大阪市轨道交通网络图

在大阪市的每个轨道车站都标有全日轨道交通运行时刻表，每站都停的普通列车、较大车站停的急行列车、大站停的特快列车都严格按照时刻表运行，乘客可以根据自己的需求进行选择。由于轨道交通的准时性，乘客能非常准确地知道自己从出发地到目的地所需时间，便于安排自己的行程。

随着经济社会快速发展，国际化、信息化、老龄化社会的到来，大阪市为了使地铁适应乘客多样化的需要，并为老年人、残障人士等特殊人群提供更加方便、舒适的乘车环境，积极努力地完善车站设施、自动售票检票设备、无障碍车辆设备等，改善各种各样的服务工作（大阪市轨道交通自动售票与检票系统如图11-2所示）。如针对老年人和残障人上下车的不便，改善电梯和自动扶梯设施，不断改进相关设施，确保有一条通道可使乘客不借助阶梯便可实现站台与地面之间的通行。

图 11-2　大阪市轨道交通自动售票与检票系统

二、事故基本情况

1995年1月17日，日本当地时间凌晨5点46分，大阪和神户地区发生了7.2级强烈地震，地震造成大面积房屋倒塌，水、电、交通等公共设施被毁坏。此次地震对大阪、神户地区城市轨道交通系统破坏主要包括两方面：一是约70%的地面线路遭到损坏，主要包括铁轨严重扭曲和列车脱轨，如图11-3和图11-4所示。大阪、神户区域内的日本铁道JR（山阳新干线、车海道本线、山阳本线、福知山线）123 公里、阪急电铁、阪神电铁、神户电铁、山阳电铁、神户市营地下铁、神户轨道交通系统等

图 11-3　地震使铁轨严重扭曲

图 11-4　地震使列车脱轨

约200公里的线路都遭到破坏，并致使城市轨道运营中断。二是地震还造成地面线的高架桥梁倒塌、地下隧道出现裂缝，地铁车站的站台梁柱出现变形、垫土下沉及防崩壁移动等问题。其中，破坏较大的地铁车站为神户地下铁三宫车站，其地下一层与二层之机械室，30支钢筋混凝土矩形柱被压坏，保护层剥离，钢筋外露，部分防崩壁移动较为明显。

根据震后统计，地震共造成6434人死亡，3万多人受伤，其中，城市轨道交通系统有3位工作人员死亡，乘客中有5位受重伤，36位受轻伤。地震没有造成城市轨道交通系统大量伤亡的原因在于地震发生时间较早，大部分地铁线路尚未开始运营，车站候车人数较少。

三、处置措施

地震事故发生后，大阪、神户城市轨道交通系统采取了两方面的应急处置措施：一是紧急停止城市轨道交通系统运营，按照应急处理流程迅速疏散车站内及周边滞留的乘客，及时研究并制订公共汽（电）车运输替代方案，以确保城市轨道交通设施线路修复期间居民的日常出行；二是制订城市轨道交通受损线路的震后重建修复计划，全力及时恢复运营。

1. 震后应急处置措施

地震发生后，城市轨道交通和道路运输主管部门通过紧急磋商，立即启动紧急情况应急协调程序，共同制定了震后处置措施，主要包括公共汽（电）车运输替代方案和运行绕行线路方案。

（1）制订公共汽（电）车运输替代方案。交通警察根据《道路交通法》和《灾害对策基本法》有关规定，立即实行了交通管制（禁止车辆进入道路损坏区等），并设立紧急运输通道，仅允许紧急车辆通过。为了保证道路畅通，道路管理部门组织清除了路面倒塌的房屋瓦砾废墟。随后，交通运输部门开始实施公共汽（电）车运输替代方案以确保居民正常出行。受地震影响，神户线、阪急电铁神户线、阪神电铁本线3条线路停运。这三条线路单日客运量为45万人，高峰时段客流量为12万人，相关部门根据以往客流情况，组织相应运力，服务乘客出行。制订的公共汽（电）车运输替代方案主要内容包括：首先，在JR西日本东海道—

福知山—山阳线—阪急宝塚—今津—伊丹线及神户电铁有马线的停运区间，实施公共汽（电）车运输替代方案。其次，1月23日开始，国道2号线疏通完毕，在此基础上，利用该国道和山手干线，开始实施大阪至神户内的公共汽（电）车替代运输。此外，1月28日开始，在国道2号、43号线设置了公共汽（电）车优先车道以确保其快速畅通运行，使公共汽（电）车的使用者从最初的约3万~5万人/天上升到20万人/天，运输能力大幅提高。

（2）制定绕行路线方案。1月23日开始，大阪、神户地区轨道交通福知山—山阴—播但线、福知山—加古川线2条线路上设立绕行线路。其中，福知山—山阴—播但线行驶直达快速列车，福知山—加古川线则行驶直达列车，在和田山车站可以和特快列车等进行换乘。2月20日，JR东海道线滩—神户、阪神岩屋—三宫两条线路开通。通过这些线路，能够连接阪急御影—王子公园，并可利用大阪到神户的铁道，同时规定持有不同运营公司的月票、回数券的乘客都能够乘坐轨道交通系统的全部线路。

2. 轨道交通受损线路的修复措施

阪神地震发生后，当地政府部门组织有关部门先后3次派遣调查团奔赴地震灾区，调查团成员主要由相关领域的大学教授、研究机构有关专家构成，主要任务是调查灾区的交通设施、生活基础设施的受损情况，相应的调查结果为制定修复重建方案提供了参考和依据。

（1）制定修复重建方案。为应对地震对轨道交通隧道、高架桥等造成的损害，1月18日，日本运输省设立了由研究学者及铁路系统专家组成的“轨道交通设施抗震构造研究委员会”。该委员会依据调查团的调查结果，对轨道交通线路受损的原因进行了深入分析，并对受损轨道交通设施的修复、现存设施的能力、今后设施的抗震构造等方面进行了全面研究。根据上述研究成果，轨道交通相关管理部门组织制定了轨道交通的修复计划，日本运输省针对修复工作的设计工作进行审查。4月27日，该研究委员会出台了“阪神大地震轨道交通修复构造物设计样式”，作为修复重建方案的技术基础。

（2）修复轨道交通线路。轨道交通线路修复采取“未损坏线路整合运营，损害线路修复再运营”的方案，山阳线高架桥的引桥、支柱的修复采用钢板包覆等手段进行强化，从而可以再利用。轨道交通设施抗震构造研究委员会允许对脱落的、未受损坏的高架桥桥板部分进行再利用，从而缩短了工期，节约了费用。

四、教训及启示

1. 存在的问题和漏洞

（1）轨道桥梁结构及隧道防震标准偏低。阪神大地震之前，日本从学术界、政府部门到普通民众都认为关西地区不可能发生大地震，该地区的交通基础设施，包括轨道桥梁结构及隧道的防震等级较低，导致地震来临时造成较为严重的损坏。地震震动产生的地基侧移使轨道交通高架桥梁的桥墩出现断裂倒塌、地下铁隧道出现不同程度的裂缝。特别是20世纪六七十年代建造的轨道交通桥梁及隧道，由于防震标准相对偏低，大部分高架桥和地下隧道受到严重破坏。而1983年新的防震标准在防震、减震的结构设计方面均大幅提高，照此标准设计的高架桥和隧道等设施只是出现轻微破坏。

（2）防范措施欠缺，应急处置协调不畅。地震发生后，虽然轨道交通系统和道路主管部门进行紧急磋商，及时制定了公共汽（电）车替代方案、绕行线路，为震后居民出行及救灾起到了重要作用，但是在协调过程中也出现少许滞后现象。主要是因为人们普遍认为该地区不会发生大地震，平时缺乏足够的预防措施，导致疏散和绕行路线严重阻塞，影响了救灾工作的正常展开。同时，在轨道交通修复工作中也存在一些滞后问题，在修复轨道交通桥梁的过程中，轨道交通公司与轨道高架桥下的用户进行协商，延缓了修复工程的进度。

2. 本次事故处理的成功之处

阪神地震造成轨道交通系统的人员伤亡较少，主要原因是事故发生在清晨，轨道交通系统主要线路尚未运营，以及事故发生后及时有效的处置措施起到了良好的效果。总的来看，本次事故处理的成功之处可以概括为以下三个方面：

（1）及时采取公共汽（电）车替代方案，同时充分利用尚未损坏的轨道交通设置绕行线路，以满足居民的出行需求。

（2）及时制定有效的修复计划，并采取了行之有效的复旧加固对策，震灾后轨道交通高架桥梁及隧道的复建速度非常快，各项加固复旧工作即刻展开。拆除作业亦连夜进行，支撑加固设备由各处运至工地，使崩垮桥梁得到快速清理，刚地震后仅有30%的线路可以运营，经过不到1个月的修复，80%的轨道交通开始正常运营，快速作业能力得到了各方认可。

（3）媒体及时向市民发布各种交通设施的损失情况及恢复重建工作进展，为震后疏散客流及轨道交通修复过程中确保居民的正常出行起到了重要的作用。

3. 本次事故的启示

（1）全面提高轨道交通旧线的防震能力，新线规划建设时提高防震标准。在阪神大地震中，90%以上的受损坏的轨道交通高架桥及隧道建造于20世纪六七十年代，这段时期建设的轨道交通防震标准相对较低，而采用新标准的轨道交通线路损害较小。为了提高轨道交通的防震能力，需要从旧线和新线两个方面做好防震、减震的相关措施：一是重新考察已经建设运营的轨道交通线路，根据地质情况，重新评估已有的防震设计标准是否满足需求，从而根据实际情况，做好设施防震的修复工作；二是严格评估新建轨道交通线路的地质情况，依据国家相关防震标准，从轨道交通桥梁、隧道等设施的结构、材料等全面提高防震设计标准，提高防震能力。

（2）加强部门间灾难应急处置方案的协调预演，强化协调能力。阪神大地震发生后在应急疏散及修复工作中出现少许滞后现象，对轨道交通的灾害应急处置有两点启示。一是轨道运营单位需要做好大灾害的预防措施，购置相应救灾设施，加强救灾人员的培训工作，提高灾害的应急快速处置能力；二是制定好灾害应急疏散方案，各部门间需要加强交通疏散路线制定、受灾设施的修复等工作的应急演练，总结存在的不足，吸取经验教训，全面提高部门间的协调能力。

4. 事故后的改进措施

（1）对于轨道交通高架桥梁倒塌、隧道裂缝等损坏情况，日本建设省在2月17日及时颁布了强化标准，并责令相关单位以此为指导全力投入加固修复工作。同时，相关部门对已有未受损失的部分线路进行了整改和加固，全面提高了轨道交通线路的防震能力。

（2）阪神大地震以后，日本政府不是简单地统计死伤人数，而是对死亡和受伤原因进行了具体分析，并将分析结果运用到防灾对策之中。在JR线、新干线、城市地铁的换乘站都设有紧急情况呼救装置，全面提升了轨道交通的防灾应对能力。

（3）阪神大地震引起了轨道交通主管部门对于设施防震的重视，全面修改了交通设施的防震标准，并在轨道交通新线建设中的考虑了抗震结构设计。部分混凝土桥墩通过钢筋包围增加强度，在钢制桥墩内填充混凝土，从而增加桥墩强度，并使用橡胶支承或减震支承，以减轻地震对基础设施的破坏。

第二节　2005年8月6日上海地铁因台风造成的事故

一、事故基本情况

2005年8月6日，“麦莎”台风正面袭击上海。7日凌晨3点30分，地铁列车自动监控系统（Automatic Train Supervision，简称ATS）显示1号线上行线“衡山路站—常熟路站”区间显示红色。经环控值班员巡视发现，常熟路站上行线西端（车站南侧）有两处排水管道向区间和车站流水，隧道内积水严重。经地铁运营抢修队伍紧急处理，至9点40分恢复正常运营。期间，地铁运营单位调整运营组织方案，南北段分段运营，并及时启动公交预案，接驳乘客。这次事故因处置得当，没有造成很大影响。

二、处置措施

事故发生后，地铁运营单位实地指挥排水抢险，一方面组织人员堵截车站端头井处的排水沟，以减少和控制流入隧道的水量；另一方面积极组织排水，调运设备、排泵接线，先后共调入13台各类规格的临时泵。由于受台风影响，市政排水网处于饱和状态，车站集水井里的水无法通过市政管网排出，车站和隧道内的水形成内循环，而地面上的水则继续通过风井里的废弃管道向车站里倒灌。针对这一情况，地铁运营单位向交通运输主管部门报告，启动应急预案，近百名地铁抢险人员和消防队员全力投入抢险，共出动近10辆工程抢险车、消防车和轨道车，启动2台区间排水泵，并紧急调用13台临时水泵同时排水。同时，地铁运营单位及时调整运营组织方案，南北段分段运营，交通运输主管部门启动公交预案，在人民广场站至徐家汇站之间接驳乘客。经紧急抢险，8月7日7点15分，1号线下行线水位低于钢轨，具备列车通行条件。9点20分，上行线具备列车通行条件，地铁1号线于9点40分全线恢复正常运营。此次事故处置流程如图11-5所示。

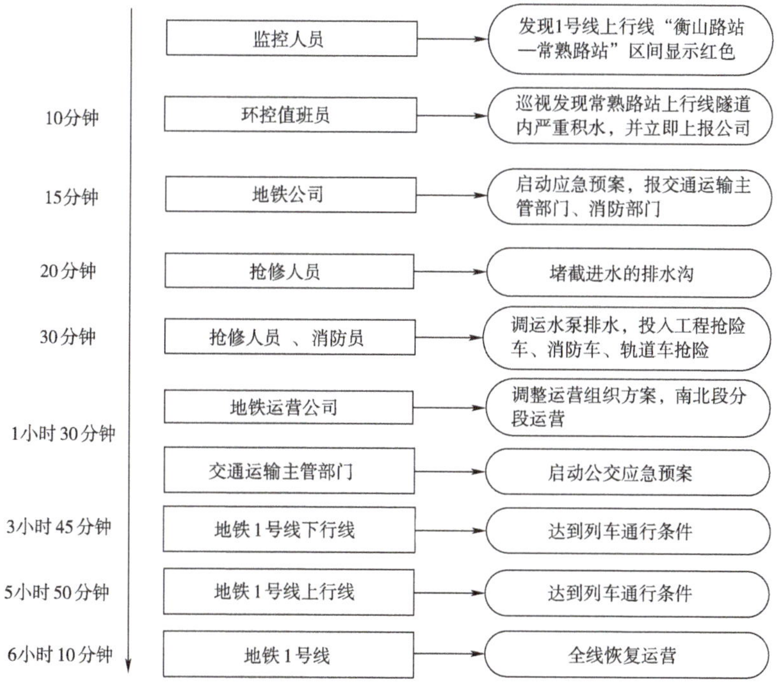

图11-5 上海地铁因台风造成事故的处置流程图

三、教训及启示

1. 存在的问题和漏洞

在此次事故中，存在以下问题：

（1）地铁建设时期留有安全隐患。经现场抢险和事后调查发现，有一根废弃的排水管（铸铁管）横穿常熟路站新风井，水管位于地面以下1米位置，中间部位已经破坏。该排水管是地铁建设期间将其保护在风井砼结构内，两端分别与城市排水系统连接，然而不知何时被弃用。当积水淹没地面和路面时，同时也淹没了市政管网井，致使地面积水流入风井，弃用的排水管已被完全封闭。横跨风井的市政废弃断管是隧道进水的直接原因。

（2）地铁系统防范较大灾害能力不足。8月6日至7日，台风、特大暴雨和黄浦江大潮同时出现，地面积水严重，是导致事故发生的另一个重要原因。据防汛部门统计，截至8月7日5点，上海大部分地区出现持续6小时之久的大暴雨，局部地区出现特大暴雨，市中心最大降雨量达215毫米。在台风和大潮的共同作用下，黄浦江沿线水位全面超过警戒线，并出现历史最高水位（4.27米）。7日凌晨3点35分最大水位达4.38米，超过警戒线0.88米，苏州河口水位超警戒线0.39米，市区200余条马路积水，常熟路至淮海路积水长时间超过30厘米。

（3）市中心城区的排水设防等级过低。这也是导致事故发生的又一个重要原因。中心城区的基础防灾设施能力基本按“一年一遇”的降雨强度设防，排水能力仅为27~36毫米/小时，在大潮、台风、持续特大暴雨期间尤显排水能力不足。为确保黄浦江防汛墙的安全，部分市政排水泵停止运行，造成管网排水不畅，地面积水严重，淹没市政管网井。尽管处理事故时投入了大量的排水设备，但由于车站集水井的水泵无法向市政管网排水，导致积水在车站、区间里循环。

2. 本次事故的启示

本次事故有三点启示：

（1）查堵安全隐患。地铁运营单位对于现有设施中的薄弱环节，如车站废弃管线、区间集水井的进水口、区间和车站的废水管道、废水管道与市政接口以及各类抢险专用设施等，需要加强日常管理和科学监测，形成长效管理体制。

（2）防汛防台风预警机制有待完善。上海作为沿海城市，每年夏天都可能受到台风的影响，各有关部门应结合地铁运营的特殊性，加强建立相应的预警机制，完善相关应急预案。

（3）市级排水设防等级需要提高。充分认识台风、强降雨等自然灾害的严重影响，尽可能地提高各类排水系统的应对等级，保障在严重灾害、极端恶劣气候条件下的地铁安全运营。

3. 事故后的改进措施

事故发生后，地铁运营单位作出以下整改措施：

（1）地铁运营单位进一步查找进水危险源。封堵全密闭新风井内废弃的市政铸铁管，对废弃市政管道进行挖除，并浇筑混凝土。

（2）组织对重点车站的排水泵、管道等防汛设施进行检查。采取了进一步的疏通处理，加强重点部位流水的堵截，并配备人力、物力，加强了分公司领导现场值班和信息联系。

（3）建立区间隧道内的水位水情监控体系。整合各方力量对公司所辖的三条轨道交通线路的防汛隐患进行全面深入普查，并结合秋季设备大检查进行综合系统评估，适时根据评估结果提出综合整改方案。

（4）建立了全市范围内的极端气候、防汛防台风工作的预警机制。确定灾害等级同时，明确了相应保障机制。市政部门对全市排水系统现状、能力进行排查摸底，通过市政改造等项目，逐步提高相关设施设备对灾害的防范能力和防范等级。

第三节　2007年7月17日重庆轻轨因雷击造成的事故

一、重庆市轨道交通概况

1. 基本情况

重庆地处我国西南地区，是长江上游地区的经济和金融中心、科研成果产业基地和航运中心。重庆轨道交通2号线是重庆市第一条轨道交通线路，也是我国西部地区第一条轨道交通线路，同时还是国内第一条高架跨座式单轨线路。线路全长19.15公里，其中地下线路长2.2公里，有18座车站（3座地下站），拥有一座维修基地、一座控制中心和两座主变电站。图11–6为重庆市轨道交通2号线线路图，该线路由重庆市轨道交通有限公司负责运营。

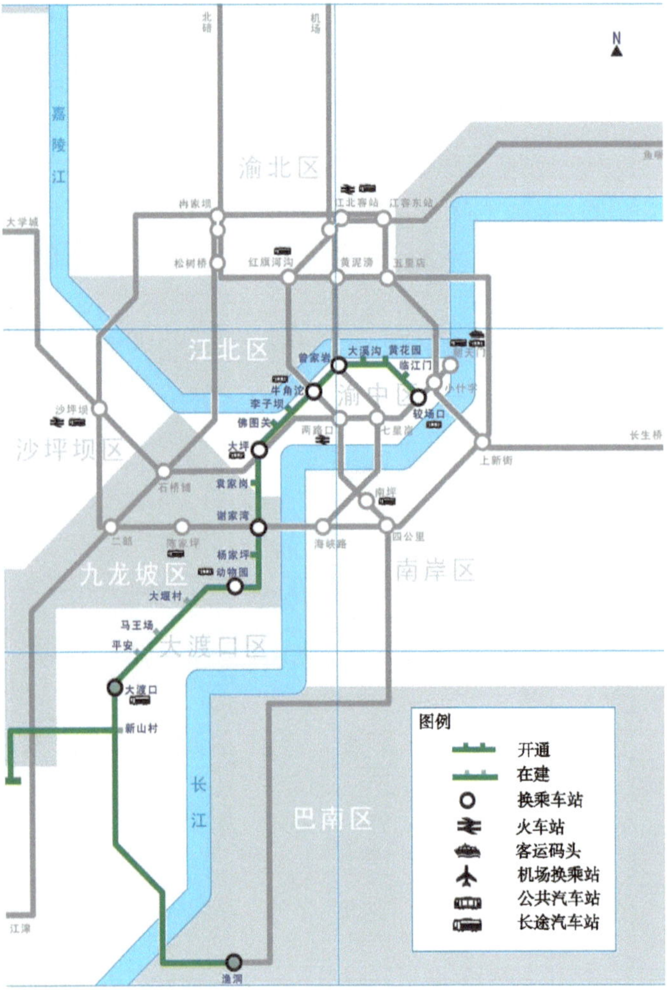

图 11–6　重庆轨道交通 2 号线线路图

重庆轨道交通2号线采用高架跨座式单轨交通系统，是一种方便、快捷、舒适、安全、准点的现代化城市大众交通系统，东起市中心商业区较场口，西至大渡口新山村。重庆轨道交通2号线工程，是重庆市城市基础设施重大项目，项目于2000年12月开工；2005年6月18日，较场口至动物园段（14公里）的13个车站先通车试运营；2007年7月1日全线通车试运营。

重庆轨道交通2号线根据重庆山高、坡陡、道路曲折的地形特点，线路采用高架跨座式单轨交通系统，是我国第一次引进的中运量胶轮轻轨系统。其转弯半径小，爬坡能力强；采用橡胶轮胎，车辆运行噪声极低，具有明显的环保特性；独特的高架轨道梁占用道路少，体量轻巧，通光性好，可立体绿化，景观性好。图11-7为行驶中的轻轨列车。

图 11-7　重庆的轻轨列车

投入运营以来，重庆市轨道交通有限公司按照“安全发展”原则和“安全第一、预防为主、综合治理”的安全工作方针，推动和促进运营安全生产的全面发展。截至2010年年底，共运送乘客超过1.5亿人次，日均客运量13万人次，运行图兑现率达到99.9%，列车综合正点率达到99.9%，极大地缓解了城市交通压力，方便了广大市民的出行，充分体现了城市轨道交通快捷、安全、准点、舒适的特点，逐步被广大市民所接受。在运营过程中，重庆市轨道交通有限公司借鉴国内外地铁的相关经验，充分发挥运营技术人员的作用，在实践中不断摸索，建立了比较完善的运营规范和操作规程以及突发事件应急预案。

为适应城市规模扩大、西部大开发和加快城镇化进程的需要，重庆市2003年11月提出了“六线一环”的重庆市城市快速轨道交通线网规划，总长约354公里。2004年2月，重庆市人民政府批准了“六线一环”轨道交通线网规划。2007年重庆市政府上报了354公里的“六线一环”基本线网规划和主城区远景513公里的轨道交通远景线网规划。2007年7月，重庆市人民政府正式批复了主城区长约513公里的“九线一环”线路控制性详细规划。2007年9月，国务院批准了该总体规划。

重庆市目前轨道交通在建线路为1、3、6号线，全长178公里。1号线和3号线预计2011年通车试运营，6号线预计2012年通车试运营。

2. 运营管理情况

重庆市按照安全工作的方针和轨道交通运营安全规程，强化运营安全措施，认真落实运营安全责任制，加强运营安全管理，确保了运营安全。主要措施如下：

（1）完善安全管理机制。成立了安全生产委员会，集团公司董事长任安全生产委员会主任，总经理任安全生产委员会常务副主任，其他公司领导任安全生产委员会副主任，相关部门主要负责人担任了安全生产委员会成员。

（2）组建了安全保卫部，负责集团公司运营、建设、消防安全和内部保卫工作的管理与协调，充分发挥安全监督管理的作用。同时，在5个运营生产部门设立了安全生产技术室，负责本部门的安全管理工作，运营部门配备了1~2名专职安全员，班组配备了兼职安全员，分别负责各科、各班组的安全管理。在建设项目管理部门配备了2~3名专职安全员，项目部的现场代表作为建设安全员，负责所管理施工现场的安全管理。

（3）健全运营安全管理制度体系。按照安全生产法的要求，加强安全管理制度的建设工作，形成了安全综合管理制度体系、运营安全制度体系、建设安全制度体系、消防和内保管理制度体系，先后制定了安全综合管理制度10部、运营安全管理制度18部、建设安全管理制度16部、消防和内部保卫管理制度3部。

（4）实行一岗双责安全生产责任制，强化落实安全生产责任制。从2006年起，实行了安全生产一岗双责制，在负责本职工作的同时，公司职能部门主要负责人督察运营、建设生产现场的安全，运营、建设项目管理部门的主要负责人负责本部门管辖范围内的安全，实行不定时进行检查，充分发挥部门负责人的安全管理作用。集团公司认真落实各级安全生产主体责任，每年年初与各部门签订安全责任书，各部门与各科、班组和员工也签订安全生产责任书，将安全生产责任落实到部门、科、班组和岗位。

（5）强化企业安全文化建设。将安全文化作为企业文化体系建设的重要内容来抓，严格实施新员工三级安全教育培训，即凡是新进员工到岗后，必须经过集团公司、部门、科和班组的安全教育和培训，并考试合格后正式上岗，建立安全培训教育卡。做好特种作业人员持证培训工作，按照特种设备作业人员管理要求，定期对负责电扶梯、电瓶车及其他电气设备维护的特种作业人员进行持证培训。加强安全文化的宣传，充分利用集团的办公网和内部报刊以及宣传专栏加强安全宣传，运营各部门、科和班组均设置了安全宣传栏，定期进行安全宣传，特别是加强对乘客的公众安全宣传活动，强化乘客安全乘车意识。以青年员工为中心，充分发挥青年在安全生产中的主力军作用，深入开展了“青年安全生产示范岗”活动，推动了运营安全生产的开展。建立运营百日安全考评机制，在运营部门以100天为一个考评周期，对员工安全教育、岗位安全生产责任落实、安全事故的控制、设施设备和车辆的完好、安全检查及隐患整改等安全管理基础工作进行全面的考评，推动运营安全生产的开展。

二、事故基本情况

2007年7月17日，重庆市气象台通过各种方式向社会发布了有史以来第一个暴雨红色预警，这也是预警的最高等级。这场暴雨最大降雨量达266.6毫米，超过了200毫米的特大暴雨级别，为重庆有气象历史记录以来之最。此次暴雨伴随大规模雷电，16小时共计炸雷41672次，平均每分钟炸雷40次。重庆市受灾人口达500万，22个区县损失10多亿元。重庆市主城区位于特大暴雨的正中心，由于积水过深、车辆被淹熄火等原因，重庆市公交车约有1.5万班次未能正常发车，仅为正常日发车班次的一半，数十万人出行受到影响，城区交通基本瘫痪。

上午11点17分，佛图关山上一棵大树被雷击并遇山体滑坡和泥石流，倒在重庆轨道交通2号线佛图关与李子坝区间轨道上，接触网被严重损坏，致使区间断电。事故发生后，重庆市轨道交通2号线被迫全线关闭。

三、处置措施

7月17日上午11点17分，佛图关与李子坝区间接触网被损坏后，运营调度指挥中心立即启动应急预案，命令所有轻轨列车暂时进站停靠，等待进一步安全检查，采取小交路临时调度方案。同时列车广播向乘客作出解释，提醒乘客赶快下车，站台保安和乘务人员紧急疏散乘客，并安全转移，佛图关车站封闭停止上客。维修人员紧急步行赶到佛图关区间现场，冒雨进行检查抢修。经排查，被损坏的接触网长20多米，必须全部更换。全线停运约2小时30分钟后，经过紧急抢修，大坪至新山村区间段恢复通电，开始投入运行。由于接触网损坏严重，修复更换所需时间较长，直至当日晚8点30分，重庆轨道交通2号线全线恢复运营。

7月18日上午9点，重庆市轨道交通公司针对重庆市遭受百年不遇的特大雷电、暴雨袭击，轨道交通2号线部分线路中断运营的情况，召开运营安全生产紧急会议，对险情作了分析，研究布置了下阶段的防雷防汛工作重点。会议要求在处理突发事件，特别是多起突发事件同时发生时，各岗位人员要做到临危不乱，组织有序，加强信息沟通和协作。重庆轨道交通因雷击造成事故的处置流程如图11-8所示。

四、教训及启示

1. 存在的问题和漏洞

重庆市地处山区，地形绵延起伏，轻轨沿线树木高大繁盛，存在极大的雷击可能性。重庆市轻轨沿线由于防雷措施不到位，避雷针、接地防雷装置等数量不足，山体土质遇暴雨松动滑坡，造成了本次停运事故。

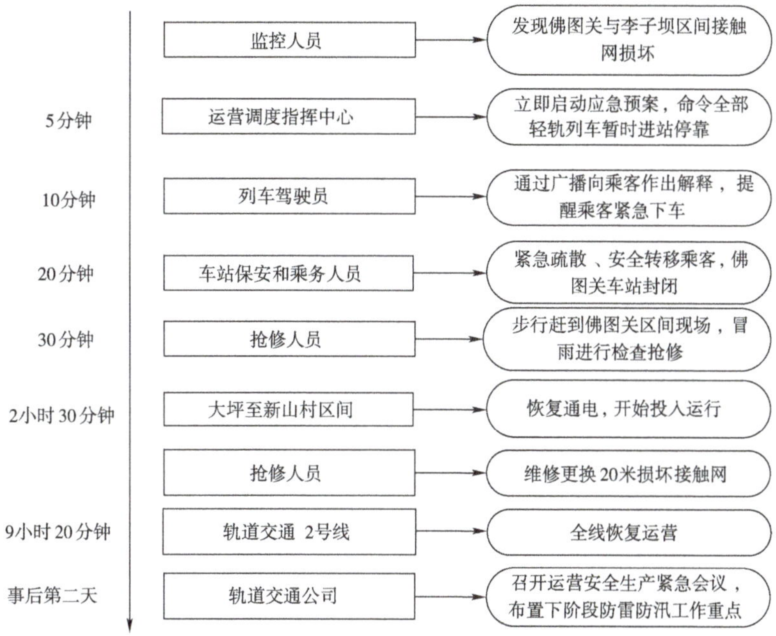

图 11-8 重庆轨道交通因雷击造成事故的处置流程图

2. 本次事故的启示

此次事故有两个方面的启示：一方面，需要加大对轻轨沿线建筑物、树木等的雷击防护力度，增加防雷设备；另一方面，需要加强轻轨车辆设备雷击防护。由于轻轨人员密集，且高架轨道横跨城区，加之轻轨列车在高架轨道上高速运行，一旦高速运行的列车遭受雷击，后果不堪设想。因此，高架轨道上高速运行列车的雷电防护，是轻轨防雷的一个重点，而且也是难点。

3. 事故后的改进措施

为防范此类事故的发生，重庆市防雷中心与市科委联合立项，对轻轨沿线的地理、气候、雷电活动规律等进行全方位监测，同时又结合重庆市轻轨的轨道系统、列车系统、运行供电系统和信号运输系统的特点，以及站点间构筑物的特殊性，建立了相应的雷击频率数据库，确定了雷击频繁区，并在此基础上制定了相关应急预案。

2007年8月，重庆市防雷中心承担了研究轻轨防雷安全的项目并完成编制计划，除对轻轨车（站）场、区间、列车安装日常的防雷设施外，并对轻轨供电系统等多个零部件雷击防护，以及对轻轨系统的设备主机房、桥架安装、线槽、保护管安装等进行了规定和说明，确保轻轨从车体到轨道有全方位的防雷保护。

第四节　自然灾害造成事故的预防和应对措施

一、自然灾害造成事故的预防措施

城市轨道交通系统是一个独立的封闭系统，与城市交通的其他方式相比，一般自然灾害对其影响相对较小。但一旦发生与城市轨道交通紧密相关的自然灾害事故，也可能造成重大损失。

发生自然灾害导致城市轨道交通事故的原因主要有以下三方面：

（1）城市轨道交通的基础设施在设计阶段的防灾害设计不到位，致使发生自然灾害时城市轨道交通系统的抗灾能力弱。

（2）城市轨道交通的运营设备及基础设施存在的危险隐患未被发现，导致发生自然灾害时危及轨道交通系统。

（3）城市轨道交通所处的外界环境的灾害防范能力差，如城市的整体防灾能力差，使得城市轨道交通系统存在受自然灾害破坏的隐患。

为防范自然灾害造成城市轨道交通事故，应从以下四个方面进行预防：

（1）完善防灾系统设计。防灾系统是城市轨道交通运营管理的重要基础设施。应当严格执行国家、地方和行业颁布的抗震、防火、防洪排涝、抗风、民防和环境保护的设计施工规范和规程，吸收国内外先进经验，因地制宜地做好城市轨道交通工程的防灾设计。这是预防因自然灾害造成城市轨道交通发生事故的先决条件。应当经常维修、检查、测试，使其处于良好的状态，不能有丝毫麻痹、松懈及侥幸心理。

（2）构建良好的外界环境。任何灾难的发生，都不是孤立的偶然事件，它是在各种内在或外在因素共同作用下发生的。因此，预防灾难必须进行全面管理和监督，加强城市轨道交通系统抵御自然灾害的能力，从而减低城市轨道交通系统受自然灾害破坏的几率。

（3）加强日常管理和检查，不断夯实安全基础。在日常工作中加强对城市轨道交通系统设备、设施的检查，及时发现危险源并进行相应处理。加强对员工作业情况的检查，检查工作人员是否严格执行作业标准，杜绝工作人员作业违章违纪现象。要及时发现各类隐患，并认真整改，夯实安全基础。

（4）建立完善的灾害应急救援方案。为减少自然灾害导致城市轨道交通事故，应制定完善应急预案，安装现代化的应急设施、完善合理的应急组织。为了提高快速反应能力，保证在处理事故的整个过程做到有条不紊，应针对可能出现的突发事件制定各种预案，定期组织管理人员进行实地救援演练，并不断充实和完善应急预案，以达到最佳的实践效果。

二、自然灾害造成事故的应对措施

容易造成城市轨道交通事故的自然灾害主要有洪水、台风、雷击以及地震，不同类型自然灾害事故的应对措施分别如下：

1. 台风、洪水、雷击造成事故的应对措施

当城市轨道交通车站、列车、区间线路、基地等处遭遇台风、洪水、雷电等灾害性天气，可能影响轨道交通行车安全的情况时，管理部门及运营单位应按照“统一指挥，快速反应，各司其职，配合协同，确保安全”的原则，按照相关应急预案迅速、有效地采取应急措施，保障城市轨道交通行车安全。结合城市轨道交通地下、地面、高架立体式运营构架的特点，城市轨道交通运营单位必须高度重视、积极准备，构建快速反应的信息网络，储备充足可靠的抢险物资。按照不同线路、不同设施、不同运营条件来具体实施操作，以确保安全运营。具体应对措施包括：

1）启动应急预案

当城市轨道交通运营单位接到运营范围将出现暴雨、洪水和热带气旋、台风、雷电影响时，并且上述情况将影响运营时，应立即启动相应应急预案，进入紧急防御状态。

2）布控重点位置

防汛布控重点位置具体包括以下：地面段外线电缆沟、隧道入洞口最低泵房、出入段线洞口泵房、正线洞口泵房、雨水泵房、区间隧道（含折返段）废水泵房、废水井、车站下沉式广场及在城市轨道交通保护区范围内可能造成车站进水的其他位置。

城市轨道交通应对台风主要应围绕设施设备的防松动和防坠落展开，具体位置包括：地面、高架线路接触网，地面、高架线路区间护栏、挡板、隔音屏、照明等，地面、高架线路区间线缆，地面、高架线路车站建筑物、悬挂物、广告牌及站台设施，车站出入口建筑物、悬挂物及标牌，高架及地面运营中的地铁车辆和其他侵限异物。

3）组织抢险工作

城市轨道交通运营单位应设立抢险救援中心，负责组织开展所辖线路（含基地）、设施设备的抢险救援及防汛、防台风、防雷击等抢险救援工作。抢险救援中心通过总调度指挥中心发布抢险救援命令，各分调度指挥中心作为救援的受令单位要及时下达工程救险车出动命令。总调度指挥中心负责命令发布后的过程监督。

城市轨道交通运营单位应配备完好的工程救险车、消防车等相关救援应急设施设备，并由专业保障单位负责定期检查维护，实行定点停放和管理，并安排驾驶员24小时值班，处于待命状态。

各单位在抢险救援中分工如下：车辆部门负责列车冲突、颠覆的起复救援；供电部门负责接触网和供电系统设备的恢复救援；工务部门负责涨轨、断轨、挤岔后的轨道恢复救援；通号部门负责票务、信号、通信系统设备的恢复救援；后勤部门负责防汛抢险物资及消防车抢险。

4）具体应对措施

防台风应对措施具体包括：一是风暴潮、台风期前，加强设备巡检与紧固工作，确保各风级下户外设施的安全；二是对重点区域设备、设施视具体情况派人值守，确保安全；三是在发生10级及以上台风情况下，为防止高架桥和地面车辆发生事故，轨道交通须停止运营，并通过站内广播、媒体等手段向外发布停运信息，正在运营中的列车限速20公里每小时运行至就近车站停运，并组织乘客疏散并关闭车站；四是在台风警报解除或达到运营环境条件时，立即组织恢复地面及高架线路的运营。

防汛应对措施具体包括：一是隧道入洞口雨水泵房应配置临时潜水泵，一旦正式泵故障立即投入临时泵排水；二是隧道入洞口如遇地表泻入水量太大，洞口泵无法排除，应立即在洞口外部设置挡水沙袋（但不得侵入限界），用临时潜水泵应急排水；三是区间消防水管爆裂时，应立即关闭两端阀门，查明爆裂点后关闭该点两端阀门，打开其他供水阀门，必要时采取相应的排水措施；四是车站消防、水喷淋、水幕水管爆裂时，应立即关闭两端阀门，查明爆裂点后关闭该点两端阀门，打开其他阀门；五是如遇车站出入口积水，由客运人员速将防汛板装于积水口封堵，立即通知有关部门排水，并疏导客流；六是如遇紧急情况，运营单位总值班室可决定派人进驻重点部位受控点进行现场操作和监控，但进入区间隧道废水泵房必须经总调度指挥中心同意。

防雷电应对措施具体包括：一是雷电天气前，加强设备巡检工作；二是对重点区域设备、设施视具体情况派人值守，确保安全；三是高架桥或地面车辆发生雷击事故时，车辆须停止运营，并通过站内广播、媒体等手段向外发布停运信息，正在运营中的列车运行至就近车站停运，并组织乘客疏散并关闭车站；四是在达到运营环境条件时，立即组织恢复地面及高架线路的运营。

5）相关岗位职责

车站值班员：应立即报行车调度、值班站长、公司生产调度、抢修班组，及时做好车站广播工作，按调度指挥中心下达的命令贯彻执行。开启相应排水设备，并关闭相应阀门。

值班站长：应组织车站工作人员进行抢险排水工作，与公司生产调度、公司领导及时做好信息传递工作。

站务员：应服从站长安排，引导乘客向站厅疏散；保持站台通道畅通，做好宣传工作稳定乘客情绪；监护站台乘客情况，防止乘客跌入轨道。

票务员和服务员：应服从站长安排，做好退票、赠票和致歉信等材料的发放工作；保护好票款，必要时将票款转移至安全位置；做好乘客的解释、疏导工作，引导乘客向站外疏散，必要时，根据站长指令打开专用通道和消防疏散通道门疏散乘客。

列车驾驶员：应立即采取措施停车，确认积水深度，并向行车调度汇报；根据行车调度命令，行车按规定确定运行方式。

2. 地震造成事故的应对措施

地震发生后，应按照相应震级情况，根据《中华人民共和国突发事件应对法》和《国家地震应急预案》，按照"先全面、后局部，先救人、后救物，先抢救通信、供电等要害部位、后抢救一般部位"的原则，开展有关工作，减少地震灾害对运营造成的影响，最大限度地减轻人员伤亡和财产损失，在确保安全的情况下，尽快恢复地铁正常运营。具体措施如下：

（1）紧急避险。具体措施包括：一是保持沉着镇静，抓紧救护乘客，车站工作人员选择较安全的位置紧急避险后，应尽快积极开展疏导乘客、救护伤员及组织乘客自救互救工作；二是当班列车驾驶员，应立即采取措施停车，发现列车受损，不能运行时，应立即采取措施安抚乘客，组织乘客有步骤、有组织地脱离险境，如列车可继续运行，则应运行至前方车站；三是行车值班人员关闭正在操作的设备，就近选择较安全的位置紧急避险；四是车站关键岗位值班人员，选择较安全的位置紧急避险后，应坚守岗位，立即进入抗震抢险救灾状态。

（2）应急指挥。具体措施包括：一是地震灾害发生后，调度应根据当时震感及各站上报的震情做出准确判断向上级报告，如难以判明时，也应将已掌握的灾害情况立即向上级报告，并启动相关预案，实施先期应急处置；二是车站接到调度指挥中心发布的地震灾害报告后，应立即判明灾害情况，一时难以判明时，也应立即将已掌握的灾害情况、启动地震灾害应急处置预案的情况向调度指挥中心报告；三是运营单位主管领导应立即赶赴事发现场，指挥抗震抢险救灾工作，组织开展人员伤亡和列车、设备设施受损情况调查，了解震情及灾害，制定伤员救护方案、设备设施及列车抢险救灾方案以及运营开通方案；四是通知公安、急救中心，请求相关部门派出人员、物资给予支援救助；五是运营单位负责人负责组建现场抗震抢险应急指挥部，明确各自的职责和分工，指挥协调抢险救灾工作，检查落实应急处置方案的执行情况。

（3）协调配合。城市轨道交通运营单位负责人为灾害处置现场指挥，根据灾情协调组织救援；各救援队伍服从现场指挥统一安排，及时参加救援工作；救援行动过程中，各救援队伍将重大险情、新发现的情况和需要解决的重大问题及时向现场指挥报告；现场指挥做好与公安、消防、医疗等外单位的协调与配合。

（4）现场救援。灾害发生后，现场负责人应立即组织开展自救、互救，并迅速上报行车调度，并与公安部门联系，视情况协助警方加强现场警戒、维持秩序；车站根据现场需求，向上级请求紧急调集内部救援力量、专用设备和物资，参与应急处置；协调组织外部专业救援力量、专用设备和物资实施紧急支援；车站根据现场灾害情况，制定救援抢险方案，组织救援队伍，做好救援抢险工作。

（5）应急结束。现场确认救援队伍撤离现场、车站线路隐情、隐患基本消除、城市轨道交通系统相关设备基本恢复后，报告调度指挥中心。车站接到行车调度现场处置报告后，确认灾害应急处置工作完毕，线路符合运营条件时，转入正常运营，并报告调度指挥中心。

（6）保障措施。一是人力保障。各车站要组织专业救援队伍，负责现场处置。二是设备保障。设施管理单位为车站救援队伍配置相应的救援设备及通信设备，专人负责，定期检查。三是物资保障。要按规定备足必需的应急抢险物资和医疗设备，专人负责，定期检查。四是技术保障。应加强专业知识的学习，创新救援工作快速反应的方法，提高反应速度，减少灾害对城市轨道交通运营的影响。应加强应急救援技能训练，根据灾害的特点，定期组织模拟救援演练，加强救援抢险和心理素质的训练工作，不断提高救援技能。

第十二章　设备故障事故

我国城市轨道交通设备的国产化率正在逐步提高，系统集成方面的经验不断丰富，但由于城市轨道交通系统涉及车辆、轨道、信号以及供电等多个专业领域，系统集成非常复杂，很容易出现设备不稳定情况，进而造成列车运行故障。尽管设备故障通常不会造成人员伤亡，但会给正常的列车运行和城市公共交通带来较大影响。本章选取广州地铁信号系统故障和上海地铁的车门故障作为案例，分析了事故的基本情况和处置过程，提出了应对措施。

第一节　2009年3月20日广州地铁信号故障事故

一、广州市轨道交通概况

1. 运营情况

广州是广东省的政治、经济、文化和科教中心，历史悠久的对外通商口岸和交通枢纽。广州地铁由广州市地下铁道总公司负责运营管理。2007年至2009年连续三年，广州地铁在由广东省省情调查研究中心组织的《广东省十大服务行业民意调查》中，均名列全省交通业榜首。截至2010年底，广州地铁已开通运营8条线路，全长236公里（含广佛线佛山段，下同），共有144座车站(含14座换乘站)，6个控制中心，7座车辆段，2座停车场，各线路开通运营情况见表12-1。图12-1为广州地铁运营线路图，图12-2为广州地铁3号线体育西路站站台情况。

随着2010年广州亚运会举办，多条城市轨道交通新线开通运营，线网客运量呈逐步攀升的趋势，尤其在广州地铁3号线、4号线二期段开通运营以来，客运量出现了突飞猛进的势头，2007年相对2006年日均客运量增幅高达69%。5号线开通后，截至2010年2月底，整个地铁线网日均客运量达255.1万人次，其中，1至5号线客运量分别高达109.9万人次/日、101.8万人次/日、83.5万人次/日、17.0万人次/日、57.5万人次/日。2010年11月3日，广州地铁达到最大日客流量，为784万人次。

自1997年至今广州地铁累计开通运营线路情况 表12-1

时 间	本年度开通情况			累 计		
	线路数（条）	运营线路长度（km）	车站数（座）	线路数（条）	运营线路长度（km）	车站数（座）
1997 年	1	5.36	5	1	5.36	5
1999 年	1	13.12	11	1	18.48	16
2002 年	1	14.50	9	2	27.62	25
2003 年	1	8.98	7	2	36.60	32
2005 年	3	17.88	14	4	54.48	44
2006 年	2	56.70	18	4	111.18	62
2007 年	1	4.97	2	4	116.15	64
2009 年	2	34.19	25	5	150.34	89
2010 年	6	85.32	55	8	235.66	144

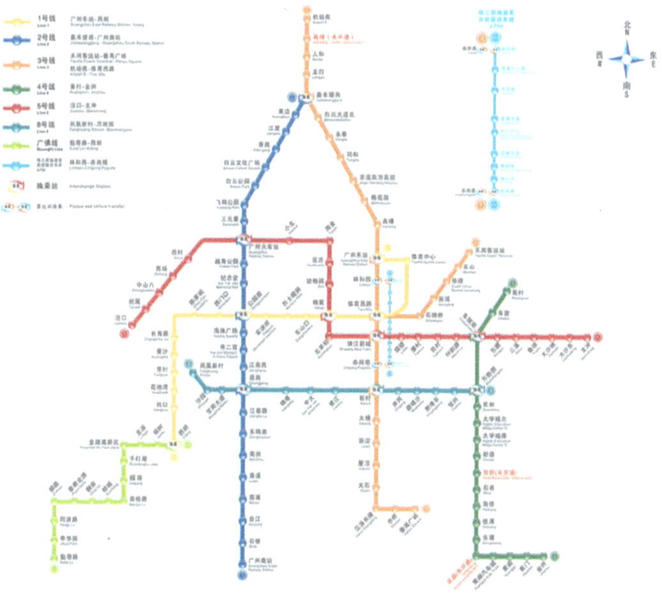

图 12-1 广州地铁线网图

图 12-2　广州地铁 3 号线体育西路站站台

2. 规划情况

为强化广州市国家中心城市地位，适应并满足城市发展对轨道交通的需求，2007年初，广州市启动了轨道交通近期建设规划调整和新一轮轨道交通线网规划编制工作，其中近期建设规划调整涉及的6号线二期、7号线一期、9号线三条线路计划2010年全面实施，2013年建成；新一轮轨道交通线网规划方案也初步完成。

根据2020年广州市轨道交通线网规划方案，广州市新一轮轨道交通规划在加强城市外围与中心城区联系的同时，着力提升中心城区轨道交通的服务水平，加密中心城区线网，同时支撑中心城区与萝岗、番禺、南沙、花都、增城、从化四区两市的互联互达。规划线网结构由“环形线+放射线+X对角线”构成，并构建由13号线与3号线形成的十字快线，支持“两轴两带”（南部产业拓展轴、北部优化发展轴，东部产业发展带、西部区域联动带）的产业发展。与此同时，为贯彻《珠江三角洲地区改革发展规划纲要（2008—2020年）》，预留与城际轨道交通及周边城市轨道交通对接条件，增强了线网的开放性。在2010年线网基础上，2020年线网增加了3号线东延段（番禺广场—清流）、4号线南北延长线（金洲—资讯园，黄村—水西）、5号线东延段（文冲—黄埔客运港）、6号线东延段（香雪—

永和）、7号线（广州南站—大沙东）、8号线北延段（文化公园—白云湖）、10号线（体育西—东沙）、11号线（环线）、12号线（槎头—大学城南）、13号线（凰岗—新塘，东西快线）、14号及支线（从化线及知识城线）、16号线（新塘—荔城，荔城线）、20号线（广州南站—琶洲，新客站联络快线）和白鹅潭联络快线（广州南站—白鹅潭），线网总里程677公里。

3. 运营管理规章制度

2007年，在广州市轨道交通飞速发展的新形势、高要求下，为进一步规范广州市轨道交通运营管理，保障轨道交通的顺利建设和安全运营，维护乘客和经营单位的合法权益，广州市颁布了新版的《广州市城市轨道交通管理条例》。广州地铁运营公司制定运营管理类规章29个，涉及安全管理、设备管理、应急预案等24个业务模块，主要包括：行车组织规则、控制中心调度管理规则、生产管理规定、运营服务管理办法、乘客服务工作标准、乘客事务处理管理办法、节假日及大型活动运营组织办法、安全管理办法、消防安全管理办法、车站票务管理手册、设备管理办法、行车设备维修施工管理规定、地铁设施保护管理规定、突发事件应急处理程序、车务安全应急处理程序等。

4. 运营安全管理情况

（1）建立全面运营安全管理体系，夯实地铁安全基础。建立“横向到边，纵向到底”的全员、全方位、全面的运营安全管理网络，有效的“治、控、救”管理机制，形成各司其职、各负其责、有章可循、有据可查的安全管理体系。落实安全生产责任制，推行“千斤重担人人挑、人人身上扛指标”的安全目标管理理念，层层签订安全生产责任状，将安全责任和安全目标层层分解落实。建立安全责任追究机制，将安全生产责任状完成情况作为每层级领导、每位员工的绩效考核、岗位晋升考核标准之一。建立以安全管理办法为统领的，包括安全操作规程手册、事故管理规程、应急处理预案等在内的安全规章体系。以制度来规范安全管理各个环节，以规范化保证安全，实现安全管理标准化、规范化、系统化、制度化。编制安全关键点，落实安全防范措施。通过对影响运营安全的所有设备设施、作业程序和生产环境进行摸查、汇总和评估，查找出十类重大危险，编制“事故十防”。确定运营安全管理工作的重点，编制《安全关键点》区分不同的关键设备、危险作业、生产危险场所，明确安全检查周期、内容和技术标准。

（2）严格管理、铁腕治理、加大检查力度、强调整改落实。实行“问责制”和一票否决制。提出“零宽容”的要求，对事故和安全隐患进行分析和处理，通过分析查找原因、整改隐患、完善规章、改进管理。落实预防为主的方针坚持从管理上找原因、查漏洞、订措施，举一反三防止同类事故重复发生。坚持开展安全检查制度，加大安全检查力度，重点强调隐患整改的落实，认真跟踪隐患的整改情况，建立完善了整改档案，了解整改落实过程中的问题，对各项隐患整改情况进行总结。

（3）积极开展“三体系”工作，提升安全管理水平。引入职业安全健康管理体系（OHSAS18001）、质量管理体系（ISO9001）和环境管理体系（ISO14001），通过内部自查、外部审核的方法，制定安全生产、环保节能、职工健康等相关规程。通过推行“三体系”工作，达到了对运营安全进行系统的、全面的、全过程的管理，并且通过“三体系”的运作达到持续提高安全管理水平的目的，进一步提升了运营安全管理水平。

（4）建立事故救援体系，提高突发事件应急处理能力。在总结地铁同行的经验教训基础上，根据自身的具体特点和发展情况，编制完善了涵盖行车、设备、消防、治安、特殊气象等方面的应急处理预案。制定了各部门的突发事件应急处理程序，并将突发事件应急处理步骤及工作内容细化到各个岗位，使每一位员工在进行事件、事故处理时有章可循，各负其责。持续开展演练，全面提高员工素质和应急处理能力。通过制订演练计划，定期、不定期地组织进行各层级的、切实有效的各种演练，提高员工应急应变能力。

（5）坚持科技兴安。应用新技术、新设备，采用自动化程度高、安全性能高的系统设备，如列车自动驾驶保护系统、自动灭火监控系统、站台屏蔽门系统、刚性接触网系统等，采用了移动闭塞等新技术，在防灾报警、隧道通风、乘客安全等方面有针对性地完善了设备，提高运营系统的可靠性和安全性。

（6）以现代化的检测手段和维修管理，做到精检细修，提高设备可靠性。采用先进的设备检测技术和工具，能快速检测设备状态，查找故障点，为及时、准确地掌握设备质量状态，处理设备故障提供了保证。在维修管理上，采用了维修管理信息化系统，对维修过程中的工时、物料、定额、检修规程等进行全面监控，保证维修计划的落实，全面提升设备设施维修管理，提高维修水平。

（7）努力培育安全文化。积极推进企业安全文化建设。对全体员工持续进行严格的安全教育、培训和专项演练，提高全员安全意识和自救、互救、应急处置能力。持续开展“安全生产月”、“安全生产示范岗”、“安全知识竞赛”等活动。拍摄完成《地铁安全第一线》安全宣传片，向社区、学校发放和宣传。以不同主题的具体安全活动为载体，使员工在潜移默化中接受安全教育。

二、事故基本情况

2009年3月20日早上6点5分，广州地铁3号线中央信号控制系统突发故障，导致列车出现延误。6点40分左右，列车停止运营，由于正值早高峰期间，许多市民被迫改乘其他交通工具。10点15分左右，中断三个多小时的3号线基本恢复运营，客村站至天河客运站区段的列车运行间隔延长到5分钟，客村站至番禺广场站区段的列车运行间隔延长为8分钟。当日中午12点左右，信号控制系统供应商阿尔卡特公司中国总部紧急派专家从上海赶到广州进行处理，经过一个晚上的抢修，3号线于21日恢复正常运营。

据当地媒体报道，地铁公司的多项应急措施得到市民赞扬。事故发生后，地铁公司立即通过广播电台向广大市民播报故障信息，积极引导乘客乘坐接驳公交，同时在车站内的大屏幕上播报事故信息。地铁公司表示，对于因3号线信号系统故障耽误乘车的乘客，可以在7日内到任何一个地铁站办理退票或更新手续。地铁公司对乘客表示，如果因为地铁3号线信号故障让乘客上班迟到，地铁公司可以出具致歉信，致歉信的设计十分精致，附有中英文说明。地铁公司共向受影响的乘客退票3331张，免费更新车票956张，派送赠票4481张、致歉信2407封。有市民表示，由于没有收听广播，没能及时得知地铁3号线的故障信息，如果地铁公司能够用群发短信的方式通知市民，相信能获得更好的效果。

三、处置措施

信号故障发生后，地铁公司迅速启动应急预案，向市应急办值班室报告，组织人员进行故障抢修。由于事发时正值早高峰，地铁公司制订了白天延长列车运营间隔、请求公交接驳、晚上进行抢修恢复的总体方案。

控制中心通过车站广播、列车广播、地铁电视等形式向乘客及时播报故障信息，引导乘客乘坐地铁1、2号线和接驳公交。控制中心对3号线客村站至番禺广场站区段采用降级运行模式，将列车运行间隔从正常的约3分钟延长到8分钟，将客村站至天河客运站区段的运行间隔延长到5分钟。

7点13分，地铁公司向市交通委报告故障造成乘客滞留的情况，请求市交通委启动公交接驳，疏散客村站等位置滞留的乘客。至9点38分，共有72辆次地面接驳公交车投入疏散乘客，地铁公司也调度5辆大巴参与公交接驳。

中午12点左右，技术人员查明故障后，无法进行处理，立即请求信号设备供应商赶赴现场处理。

16点30分，市交通委启动了第二轮的公交接驳方案，在地铁3号线番禺广场站、珠江新城站和客村站附近接送乘客，换乘到其他线路，应对下班高峰客流。截至20点15分，全天共开行公交接驳车153辆次。事故处置流程如图12-3所示。

四、教训及启示

1. 存在的问题和漏洞

此次广州地铁3号线出现故障是由中央信号控制系统引起的。地铁3号线运营以来从未发生过此类故障。据了解，阿尔卡特的信号系统在温哥华地铁的运作是中央控制，全自动无人驾驶。出于安全考虑，广州地铁将全自动驾驶和人工操作系统相结合，结果两套系统并存引发了一些技术问题。事故发生后，列车驾驶员只能用手动模式行车，行车间隔因此大大增加。

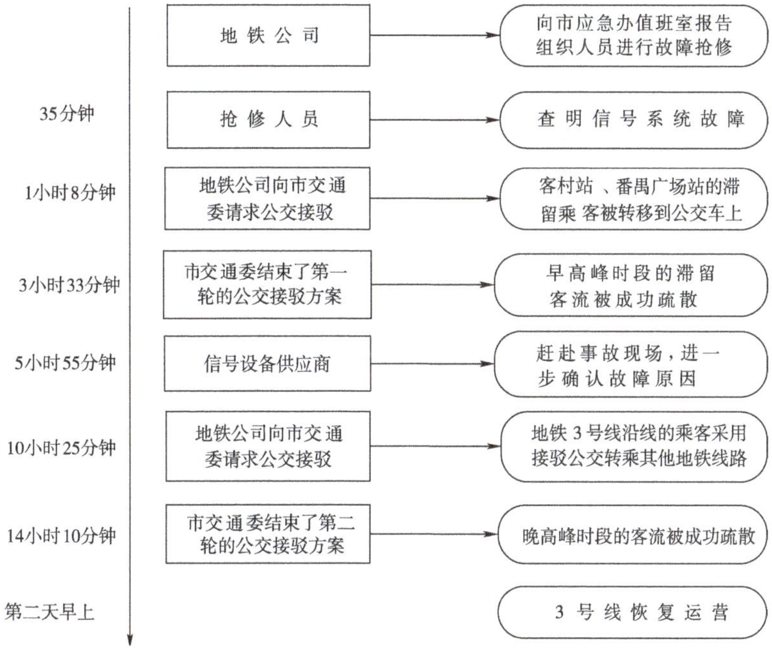

图 12-3　广州地铁 3 号线信号故障事故处置流程图

2. 本次事故的启示

尽管城市轨道交通系统采用了许多先进设备，但这些设备仍可能存在一定的安全隐患。城市轨道交通运营单位应加强对设备的维护和监测，确保设备处于完好状态，不断提高运营管理水平，做到防患于未然。同时，应不断完善安全监督检测，加强人员培训，规范业务流程，增强信号维修人员对故障的处理能力，及时清除安全隐患。

第二节　2010年7月5日上海地铁车门故障事故

上海地铁2号线于2000年6月11日开始运营，全长60公里，共有29座车站。日运营时间超过18小时，日均最大客运量达120万人次。该线从青浦区徐泾东站，经过南京路，穿越黄浦江，到达浦东新区张江高科技园区，并且再续经唐镇、川沙等地，最后到达浦东国际机场。

一、事故基本情况

7月5日18点16分，上海地铁2号线中山公园站上行21411次209号列车进行正常上下客作业，在列车警示用蜂鸣器响起时，一名中年女乘客在车门即将关闭之际，将手伸进车门欲强行上车，致使手腕被夹。车站工作人员发现后，立即上前帮助该乘客向外拽拉，但没有成功。列车启动后，造成该乘客与安全护栏撞击，并跌落在站台上。列车运行被迫中断，中山公园站上行方向至18点22分恢复运营。

二、处置措施

事故发生后，中山公园站车站值班员立即通知120急救中心至现场抢救，报告车站所在辖区派出所，并向总调度所行车调度上报事故的主要信息：包括事故发生地点、时间、概况、伤亡者性别、大概年龄、伤势情况、伤亡者具体位置、已采取的措施及运营受影响的情况等。行车调度接报后立即报告控制指挥中心及运营公司值班室，并及时调整列车运行方案。120急救人员到达现场后，立即将伤者送往医院，但其经抢救无效死亡。

中山公园站站务员在值班站长指挥下，马上开展现场处置工作，并积极做好站台监护、防止围观乘客跌入道床，同时保护现场，挽留目击证人（并请目击证人留下联系电话、住址或办公地址）。公安人员到达事故现场后，立即进行现场勘查检验、取证工作，同时与车站工作人员共同开展事故见证人的取证工作。事故现场处置结束后，中山公园站值班站长向总调度报告，请求恢复运行。18点22分，上海地铁2号线中山公园站恢复运营。

事故发生后，上海申通地铁集团连夜召开会议，要求全系统认真剖析这一事故，会同公安部门查明事故责任原因，认真做好善后处置工作，并明确要求各单位举一反三、强化管理，坚决杜绝类似事件再次发生，确保上海地铁安全运营。

三、教训及启示

1. 存在的问题和漏洞

从此次事故看，存在的主要问题和漏洞包括：

（1）列车车门安全性不足。经调查，此次出事的列车，是上海申通地铁集团于2000~2002年间购进的AC02型交流电动车组，这类列车制造年代较早，车门采用气动方式开启和关闭。与现在上海轨道交通新线上的列车不同，新车门都是电动门，在感应受到阻力时门便关不上，这些老车门是机械式的，没有电子感应，门间有橡皮条缓冲，只要门卡到位就能关上，而门关上列车就能启动。此次事故可能由于车门本身的缺陷加之使用时间过长，导致夹住乘客手腕时没能及时停止关门动作并报警。

（2）站台瞭望条件较差。根据上海申通地铁集团规定，列车驾驶员应执行瞭望确认制度，但中山公园站的站台为内弧形，瞭望条件较差，从车头位置最远只能看到3~4节车厢，后面四节车厢及站台无法看到。

2. 本次事故的启示

为防止车门、屏蔽门夹人夹物事故再次发生，上海申通地铁集团设置人防、技防等三道防线，进一步强化车门、屏蔽门等设施的上下客安全防范机制。包括以下三点启示：

（1）增强乘客个人安全意识。“抢车门”等危险动作，不仅影响乘客和运营的安全，还会造成“一车人等一个人”，甚至波及后续列车。列车蜂鸣器及车门、屏蔽门上方的警示灯好比道路交通中的红绿灯，当蜂鸣声响、门灯闪烁时，表示正在上下车的乘客应抓紧时间进入或离开车厢，而来不及上下车的乘客，应退至安全线后，等待下一班列车，或乘车到下一站下车返乘。遵守规范，关注车门上方提示，有序乘车，这是安全防范的第一道防线，也是在乘客个人安全意识上最重要的防线。

（2）配置感应探测装置防范夹人。通过屏蔽门感应自动识别装置，当屏蔽门之间有异物无法合拢时，两扇门将自动打开，当人或物离开屏蔽门区域后，门将再次合拢，直至正常关闭后，列车才能收到发车指令；在站台尽头的列车驾驶室停靠位置旁边，应设置屏蔽门“手动操作箱”，突发情况下，驾驶员可直接操作重新开启屏蔽门；部分车站，特别是曲线站台，两门内安装有红外线探测装置，可以自动探测到屏蔽门中间的异物，防范夹人夹物。

（3）专人监控紧急制动按钮。作为安全防范的最后一道关，上海地铁进一步明确了监控人员的安全责任。除了要求列车驾驶员在启动前进一步加强瞭望、察看站台监控视频、确认站务员已经发出可以启动列车的人工信号外，车站站务员必须密切关注站台情况，一方面维护正常上下客秩序，另一方面留意意外情况，一旦发生危险，可按下站台紧急按钮，阻止列车开行。据了解，在此次夹人事故中，紧急制动按钮若能以最快的速度发挥作用，是避免惨剧发生的最后一线机会。因此，目前上海地铁站务员在上岗时，已经被明确要求距离紧急按钮不能超过一定的安全距离。

第三节　设备故障事故的预防和应对措施

一、设备故障事故的预防措施

设备故障事故是比较常见的一类城市轨道交通事故，它会影响城市轨道交通运营的安全性与可靠性，造成列车延误或停运，给人们出行带来了很大的不便。一些严重的列车故障事故，还会造成人员伤亡或引起较为严重的次生事故。

城市轨道交通系统是由多个相互独立而又相互关联的子系统组成，系统集成复杂，容易因设备不稳定而引发列车运行故障。引起设备故障的主要原因：一是车辆、供电、机电、通信信号等设备因设计、使用或者自然老化等多方面的原因存在事故隐患，可能导致列车运行事故；二是轨道、路基、桥隧以及其他附属设备等工务系统工作状态异常，会给运营安全带来严重隐患，致使列车运行故障；三是乘客的安全意识不足，工作人员的业务素质不全面。乘客在乘车时不遵守安全乘车规则，工作人员经验欠缺、处置不当、职责疏忽也是造成发生列车故障事故的重要原因。

针对城市轨道交通设备故障发生的原因，应从以下四个方面做好事故预防：

（1）设计阶段采取降低风险的保障措施。设计阶段是确定城市轨道交通功能、技术指标的关键阶段，设计质量直接决定着城市轨道交通在施工和运营阶段的安全性。在城市轨道交通系统设计阶段，应采取降低事故的措施，主要包括信息系统、行车系统、通信系统、供电系统等设备的安全保证措施，以及线路、路基、轨道、区间隧道、车站、控制中心、停车场等运营设施的安全保障措施。在城市轨道交通系统的设计阶段，应有针对性的预防事故的发生，降低安全事故发生的概率。

（2）查找和治理设备隐患，确保系统稳定可靠。城市轨道交通各个子系统和设备的可靠性、稳定性是运营安全的重要保证。在开通城市轨道交通运营之前，应当进行设备系统联调联试，对调试中发现的问题要及时进行整改。城市轨道交通运营过程中，也要及时检查、维护设备，确保各系统稳定可靠。

（3）引进标准的质量控制体系，并严格执行，以提高管理水平。为确保城市轨道交通系统处于良好的运营状态，安全管理工作应实行目标化管理，即人员配备专业化、业务技能熟练化、设备管理规范化、设施运行正常化、日常养护制度化、事故救援快捷化、档案资料标准化、图表制度上墙化、安全管理目标化、安全服务人性化。同时，应制定设备安全管理工作程序，并严格执行。

（4）健全轨道交通运营安全管理制度。作为城市轨道交通的运营主体，城市轨道交通运营单位应加大安全管理力度，以强化城市轨道交通运营全过程安全管理工作，城市轨道交通运营单位必须按照国家的有关规定，建立健全安全规章制度，逐级落实安全生产责任制，健全有关安全管理机构，从而实现对轨道交通的点、线、面安全的综合管理，预防轨道交通事故的发生。

二、设备故障事故的应对措施

城市轨道交通设备故障事故发生后，应采取以下处置措施：

（1）及时报告。发生城市轨道交通设备故障和险情时，车站值班员或列车驾驶员应立即向相关部门或者领导报告，保证信息渠道的畅通。应急情况报告的基本原则是：快捷、准确、直报、续报。城市轨道交通控制中心是运营的指挥中心和信息收发中心，应及时向全线通报运营信息，包括晚点、清客、越站、停运等信息还要通过车站和驾驶员向乘客告知。对城市轨道交通运营有一定影响的事故，应向相关部门报告，以取得配合和支持。对城市轨道交通运营有重大影响的事故，应通过有关部门向地方政府报告。

（2）正确处置。在发生城市轨道交通险情、故障时，首先应保证乘客快速及时疏散，这是城市轨道交通安全体系中最为重要的内容。轨道交通运营人员应根据规章制度和应急处理预案，迅速判断并正确处理，确保乘客生命安全，确保国家财产不受损失。在险情和故障排除后，应当及时检修设备，彻底消除安全隐患。

（3）合理调整。在处理城市轨道交通设备故障和突发事件时，城市轨道交通运营单位应根据实际情况，科学合理地调整列车运营，最大限度地减少影响，尽快恢复运营服务。运营调整的方式有扣车、限速、小交路运行、反向运行、越站通过、单线双向运行、公交接驳等。

（4）有效分析。在发生城市轨道交通设备故障事故和险情后，应进行及时有效的分析、总结和处理，坚持从管理上找原因、查漏洞、订措施，通过分析查找原因、整改隐患、完善规章改进管理，举一反三地防止同类事故的再次发生。

第十三章 城市轨道交通事故的预防和应对措施

城市轨道交通系统是城市交通的大动脉，是大城市居民出行的重要交通工具之一。由于城市轨道交通系统多位于地下或高架线路上，环境封闭、人员密集，通风排烟设施及疏散逃生空间有限，一旦发生设备设施故障、火灾、爆炸等事故，应急处置将非常困难。城市轨道交通系统事故不仅可能造成人员伤亡和财产损失，还可能对城市功能造成极大破坏，并形成严重的社会影响。安全科学理论认为，事故的根本原因在于系统诸要素及其相互作用的过程中存在着各种危险和隐患。无论是从绝对安全观还是从相对安全观出发，都必须认真识别和努力消除城市轨道交通系统中存在的各种隐患，确保系统的可靠度达到理想的安全水平。本章重点针对城市轨道交通事故的预防和应对，提出做好城市轨道交通运营安全管理工作，应从不断完善安全预防和应对措施出发，从建立预防体系和加强应急处置能力两方面着手，最大限度地降低事故发生的概率以及事故造成的人员伤亡和财产损失。

第一节 预防体系

我国政府高度重视城市轨道交通领域的安全生产问题，建立了多层次的预防体系。国家层面制定了《中华人民共和国突发事件应对法》、《中华人民共和国安全生产法》、《国家处置城市地铁事故灾难应急预案》、《国务院关于特大安全事故行政责任追究的规定》等法律法规。地方政府也制定了配套性法规、政策、措施，如《北京市城市轨道交通安全运营管理办法》、《北京市突发公共事件总体应急预案》、《北京地铁突发事件应急处置办法》、《上海地铁运营有限公司轨道交通火灾、爆炸、毒气案（事）件的现场处置预案》、《广东省处置城市地铁事故灾难应急预案》、《广州市地下铁道特大事故和突发事件应急救援预案》、《广州地铁应急公交接驳预案》等。这些法律、法规、规定对城市轨道交通突发事件的预防和处置，明确了分工，落实了责任，规定了程序，建立了应急保障体系和应急工作的体制和机制，为我国城市轨道交通运营安全提供了法律保障。

城市轨道交通系统是一个包含土建、车辆、供电、通信信号、运营管理等多学科、多专业、多工种的复杂系统。系统的安全性、可靠性应贯穿前期立项、设计、施工到运营管理的全过程。因此，城市轨道交通的运营安全不仅与交通运输主管部门和城市轨道交通运营单位有关，而且与负责城市轨道交通规划、设计、建设的相关单位密切相关。城市轨道交通在规划、设计、建设、运营全过程中，各相关部门应密切配合，建立多层次、全方位的预防体系，为城市轨道交通运营安全提供保障。

一、规划、建设阶段应充分考虑运营安全

在城市轨道交通的立项、可行性研究阶段，应当进行安全、环境和地质灾害的评估。城市轨道交通试运营之前，应当对新线工程设施的设备功能状况、运营筹备工作及安全生产管理等试运营基本条件进行安全性、可靠性和适用性评估。例如日本在城市轨道交通项目立项时，就把安全放在首位，重视安全的超前管理和过程管理，并于2001年6月出台了《地下深层空间使用法》，从保障地铁系统运营安全的角度出发，对地下车站的技术标准作了规定。

城市轨道交通线路设计，应在城市轨道交通线网规划的基础上，充分考虑未来网络化运营的客流规模和特征，对网络换乘节点的便捷性、安全性以及与地面公交接驳的客运组织方案进行深入研究。通过开展以上工作，避免由于车站规模偏小、线路配置与列车开行方案设置不合理而造成的大客流聚集风险；或由于运营组织不合理，无法充分发挥城市

轨道交通网络化运营效果，降低城市轨道交通的辐射作用。在城市轨道交通地下空间设计方面，应充分考虑相邻隧道间的联络通道以及救援专用通道的设置，确保发生事故时，乘客可以通过联络通道转移到相邻隧道内，救援人员也可以利用专用通道进入地下空间。在城市轨道交通建设过程中，列车和车站设施应使用阻燃或不燃材料，防止火灾蔓延和产生有毒气体。车站的地面装饰应采用防滑材料，防止地面湿滑产生安全隐患。

二、落实安全生产责任制

按照《中华人民共和国安全生产法》，城市轨道交通运营单位是城市轨道交通运营安全的责任主体，应当做好城市轨道交通运营安全管理工作。城市轨道交通运营单位应当履行的安全职责包括：设立安全生产管理机构，建立健全安全生产责任制；组织制定安全运营规章制度和操作规程；按规定配备专职安全生产管理人员；保障安全生产所必需的资金投入，保证本单位安全运营投入的有效实施；督促检查本单位的安全运营工作；建立安全运营风险评估和隐患排查治理制度；组织制订并实施应急处置方案和特殊情况下的运营组织方案；及时、如实报告运营安全事故；向乘客宣传安全乘运知识和要求等。此外，城市轨道交通运营单位应当定期对城市轨道交通安全监测系统以及消防、防汛、防护、报警、安检等安全设施、器材和设备进行检测、维修、更新和改造，保证其处于良好的运行状态。

为加强运营安全管理，落实运营安全责任，北京地铁运营公司结合安全运营生产工作实际，建立健全总公司、车站和班组的三级安全网，负责各级安全工作的组织管理，逐级成立安全生产委员会，下设防火安全委员会、运营安全委员会、劳动安全委员会和交通安全委员会，所属分公司安全保卫科作为各级组织专职安全监察管理部门，负责制订其单位年度安全目标、计划，监督安全工作的实施。北京地铁公司坚持每年度与各分公司签订“年度安全目标管理责任书”，建立了双向挂钩的考核制度，解决了安全管理“由谁负责、怎么负责、不负责怎么办”的问题，充分体现了“职责明确、层层管理、衔接紧密、覆盖全面、可操作性强”的特点。

三、加强风险源辨识与管理

风险是指某一事故发生的可能性及其可能造成损失的组合，风险源是指可能造成人员伤亡、财产损失和系统损坏的根源。通过分析城市轨道交通各类事故的发生原因，城市轨道交通系统的风险源主要包括人员、设备、制度和环境四部分。

（1）人员风险。人员风险涉及运营管理人员、养护维修人员和乘客，其身体健康和心理健康水平会影响城市轨道交通系统的运营安全。人员风险包括三类。一是乘客的故意破坏行为。2003年2月18日韩国大邱地铁乘客纵火事故，属于患有精神疾病乘客的故意破坏；2011年4月11日白俄罗斯明斯克地铁爆炸事故，属于恐怖爆炸袭击破坏行为。二是列车驾驶员疲劳驾驶。1995年6月5日美国纽约地铁列车相撞事故，就与列车驾驶员疲劳驾驶有关。三是调度员和列车驾驶员操作错误。2003年2月18日韩国大邱地铁乘客纵火事故中，调度员没有及时下达正确的调度命令，驾驶员逃离事故现场并拔走列车主控钥匙，属于操作错误。为降低人员因素带来的风险，一方面应加强安检和人员监控，及时发现乘客的故意破坏行为并在第一时间进行控制；另一方面应加强对调度员、列车驾驶员和车站综控员的教育培训，逐步规范这些关键岗位人员的职业心理素质测试等资质管理。事实上，发达国家和地区在录用飞行员、列车驾驶员和轨道交通系统调度员等与安全生产密切相关的职员时，都要进行职业心理素质测试，作为强化人员风险管理的必要环节。

（2）设备风险。设备风险包括设备隐患和故障，这些隐患和故障不断累积就可能产生事故。2005年8月26日北京地铁火灾事故是由于排风扇电路老化短路引起的，2009年6月22日美国华盛顿地铁列车相撞事故是由于信号控制系统故障引起的。为降低设备因素的风险水平，应考虑设备的可靠性、可适用性、可维护性和安全性，根据设备的失效率曲线及时进行维修保养和更新改造。

（3）制度风险。制度风险是指标准规范和规章制度缺失或落实不力造成的隐患。1987年11月18日英国伦敦地铁火灾事故的一个主要原因就是地铁内禁烟的规定落实不力；1995年10月28日阿塞拜疆巴库地铁火灾事故造成大量人员伤亡，一个主要原因是缺乏设施设备防火标准，使得列车内装饰了大量的可燃化学合成材料，遇到火灾时释放出大量有毒气体。为降低制度因素的风险水平，应逐步建立健全风险管理制度，完善防火、防灾等标准规范。2003年，日本针对一些国家发生地铁火灾事故，借鉴经验教训，设立“地铁火灾对策研究委员会”，并于2004年12月27日发布了新的《火灾对策标准》。

（4）环境风险。环境风险包括外部环境和城市轨道交通系统内部环境两个方面。一是外部环境的风险因素，主要包括爆炸、毒气等恐怖袭击以及台风、地震、暴雨等自然灾害。2010年3月29日莫斯科地铁爆炸事故和2011年4月11日明斯克地铁爆炸事故均是由恐怖袭击造成的。二是城市轨道交通系统内部环境的风险因素，主要包括侵入限界、立交高架桥和交叉高压电缆对运营造成的干扰。1996年1月19日北京地铁停电事故，是由于输电干线被首都钢铁公司一辆吊车违章作业损坏造成的；2005年12月5日广州地铁1号线运营中断事故，是由于一名乘客携带的气球飘到接触网上造成的。

四、完善安全设施设备及维护

城市轨道交通是涉及多个专业的复杂大系统，在规划、设计、建设和运营环节上，应严格执行国家强制性标准，确保安全设备设施与主体工程同步设计、同步施工、同步投入生产和使用。车站内和列车上应当配齐各类安全、消防设施。例如，车站要配备安检设备、紧急报警电话、紧急停车装置、应急广播和应急照明装置、乘客疏散向导指示标志、智能烟感探头、灭火器、消火栓、自动喷淋装置和防爆装置。区间隧道内要配置排烟装置、防淹门，要安装应急广播和应急照明、乘客疏散向导指示标志等，要建设疏散平台、疏散通道等。列车车厢内应配备列车报警按钮或紧急通话装置、车门紧急解锁手柄、安全锤、灭火器、车厢视频监视装置、列车广播、疏散门、应急疏散设施以及紧急照明系统等。

1987 年伦敦地铁国王十字车站火灾事故后，伦敦地铁全部安装了“快速追踪”火灾探测与报警系统，该系统除了包括烟雾与热量探测系统外，还包括遥控开关门器、应急广播系统、防火阀控制装置等安全防火措施。2003年韩国大邱地铁火灾后，上海市吸取经验教训在地铁1号线12个地下车站站台安装了水喷淋设施，同时增设了消防无线通信系统。地铁车站一旦发生突发事件，在车站出入口附近的地面道路、站厅、站台及区间隧道范围内，可以实现消防指挥员与消防队员之间的无线通信联系，确保救援信息通畅。

尽管城市轨道交通系统中的车辆、轨道、供电、机电、通信信号等与运营安全密切相关的各类设施设备，都按照高标准进行设计生产，各类软硬件系统也采用了冗余设计增强可靠性，但在各类外界因素干扰下，这些设施设备仍有可能发生故障，甚至造成运营事故。因此，为确保设备状态良好，应做好各类设施设备的日常维护和更新改造工作，及时发现问题并予以解决，最大限度地消除各类故障隐患，确保城市轨道交通设施设备安全、可靠，为安全运营提供保障。

五、完善应急预案并强化应急演练

为加强应对城市轨道交通事故的能力，应不断完善各项规章制度和应急预案，强化应急预案演练。城市轨道交通运营单位应根据在实际生产中遇到的各类事故，制订针对各类事故的不同级别的应急预案，包括火灾、爆炸、毒气、突发大客流以及行车事故等，并定期组织应急预案演练，增强应对突发性事件的处置能力，减少事故造成的人员伤亡和财产损失。

1987年伦敦地铁国王十字车站发生火灾事故后，伦敦市政府于1989年通过了《地铁火灾预防法令》，该法令的颁布实施，有效提升了伦敦城市轨道交通系统火灾预防能力。为提高突发事件应对能力，维护地铁正常运营秩序，确保地铁运行稳定与乘客人身安全，上海地铁运营有限公司组织制定了《上海地铁运营有限公司突发事故（件）总体预案》，以及《大客流爆满处置预案》、《上海地铁运营有限公司火灾、爆炸、毒气事故（件）处置预案》、《列车故障救援应急处置预案》、《列车脱轨、冲突、颠覆事故处置预案》、《道床伤亡事件处置预案》、《供电系统突发停电事件处置预案》、《防汛防台处置预案》等一系列专项应急预案。

北京地铁在2008年北京奥运会前期，进行了列车紧急停车和从屏蔽门紧急出口疏散乘客等专项应急预案演练，检验和完善应急预案的可操作性。广州地铁建立了“横向到边、纵向到底”的全员、全方位的运营安全管理网络，形成了各司其职、有据可查的安全管理体系，制定了56项运营管理制度，其中涉及安全管理、设备管理、应急预案等。2009年，广州地铁共组织开展各项演练171次，内容涵盖了行车、设备、消防、应急等各个方面，全面检验了运营车务、维修、设备等各环节的应急处置能力。

2010年上海世博会前，为提升上海轨道交通应对突发事件的实战能力，加强运营单位面对紧急情况的应急处置、岗位应变、现场指挥等综合素质，以及与辖区消防部门应急联动能力，上海申通地铁集团公司组织了有针对性的应急演练。2010年3月24日，上海申通地铁集团公司运营四公司会同上海市消防总队浦东支队在轨道交通8号线耀华路站组织开展了火灾反恐救援、大客流疏散综合性实战演练，参加演练人员220人、各类车辆12辆。2010年3月28日，上海申通集团公司会同上海市公安局轨道分局、上海市消防局，在轨道交通10号线紫藤路站举行了地铁列车突发火灾事故灭火救援联合演练，运营、车辆、供电、信号、工务等多专业的员工和消防队员、公安人员，参加了灭火、乘客疏散、伤员救护、车辆救援等科目应急抢险演练。通过演练，检验了各支救援队伍的应急处置能力，提升了实战能力。

六、加强对从业人员的培训和对乘客的宣传教育

城市轨道交通系统的运营安全涉及轨道、车辆、机电、调度指挥等多个岗位。对每个岗位的工作人员而言，特别是列车驾驶员、调度员、车站综控员以及行车、电力、环控调度员等关键岗位人员，高质量地完成本岗位的工作要求，是保障城市轨道交通运营安全的关键。例如，在2003年韩国大邱地铁纵火事故中，由于列车驾驶员和行车调度员的应急处置措施不当，造成巨大人员伤亡，对事故负有不可推卸的责任。相反，在2004年莫斯科地铁爆炸事故中，由于乘客自救意识强烈，驾驶员及车站综控员应急处置得当，最大限度地减少了人员伤亡。因此，必须加强对城市轨道交通

从业人员的法制教育、安全教育和职业技能教育。同时，应加强对市民的安全乘车意识教育，强化自救意识。英国伦敦通过立法，要求伦敦地铁职工每两年必须强制参加一次火警安全培训。以色列在城市交通安全领域充分发挥乘客的监督作用，一旦发现可疑人员及情况，乘客会立即报警，从而有效防范可能发生的恐怖袭击。

我国有关城市也广泛开展了城市轨道交通运营安全培训及教育工作，起到了良好效果。北京地铁运营公司编制并向乘客发放了《地铁乘客须知与避险手册》、《乘客遇险怎么办》、《北京地铁紧急安全指南》等宣传材料，提高乘客的安全乘车意识。上海申通地铁集团公司通过《地铁报》、《地铁风》以及地铁车站大屏幕广告等多种形式，进行广泛的安全宣传教育，营造出“人人讲安全、安全为人人”的良好氛围。广州地铁认真吸取国内外地铁安全事故教训，编写了《警钟长鸣》事故案例和《广州市地铁乘客安全守则》，提高企业职工防范事故的警惕性、敏锐性和乘客的安全乘车意识。广州地铁还通过宣传画、广播、电视和多媒体等方式，宣传“安全第一、预防为主”，“以人为本、安全至上”的安全理念，大力营造“关爱生命、关注安全”的氛围，普及广大乘客的安全知识和基本安全技能。成都地铁运营公司专门拍摄宣传短片，在站点、车内、电视台反复播放。《成都地铁乘车八部曲》向乘客介绍了进站、购票、安检、检票入闸、候车、乘车、下车、验票出闸、出站等环节的注意事项。《成都地铁安全应急知识》向乘客介绍了地铁安全应急设备使用方法、地铁紧急疏散的注意事项。

第二节　应对措施

2006年，国务院颁布了《国家突发公共事件总体应急预案》和《国家处置城市地铁事故灾难应急预案》，对我国地铁事故应急处置的体制、机制进行了规定。《国家突发公共事件总体应急预案》指出，国务院是突发公共事件应急管理工作的最高行政领导机构，并规定各有关部门应当根据总体预案，切实做好应对突发公共事件的人力、物力、财力、交通运输、医疗卫生及通信保障等工作，保证应急救援工作的需要和受灾群众的基本生活。

《国家处置城市地铁事故灾难应急预案》规定，我国地铁事故的应急处置机构分为三层，即国家应急机构，省、市级应急机构及城市轨道交通运营单位应急机构。地铁事故灾难应急处置实行属地负责制，城市人民政府承担应急处置的首要责任。由于省、市级城市轨道交通运营主管部门和城市轨道交通运营单位熟悉当地环境，能充分调动当地社会救援力量，并且掌握第一手的事故资料，因此是应急处置的主体。国务院有关各部门、军队、武警等进行主动配合、密切协作，形成合力，保证事故灾难信息的及时准确传递以及快速有效处置。

为快速有效处置城市轨道交通事故及各类突发事件，北京地铁运营公司组织编制了《北京地铁运营突发事件应急处置办法》。该办法针对火灾、爆炸、毒气袭击等事件，以及因车辆、通信信号、机电设备、线路设备等故障引发的事故，详细制定了包括组织指挥、报告程序、抢险力量、救援工作开展、现场事故调查、接待新闻采访、客流组织疏导和事故现场以外区域的防护方案等方面的预案，以指导各专业人员迅速处理各类突发事件。

由于城市轨道交通系统环境封闭，空间有限，一旦发生运营事故，各种救援力量难以及时展开。为最大限度地确保人民群众的生命财产安全，现场应急处置的重点工作是第一时间发现事故源，第一时间控制和处理事故源，同时进行现场安全防护并组织人员疏散。第一时间发现事故源是各项应急处置工作有序展开的前提，也是各类救援力量协同配合的信息源，对事故源在第一时间进行有效处理是控制事故扩大的关键。现场安全防护是为了保证救援工作不受干扰，同时也可避免无关人员或列车驶入而导致事故扩大。组织人员疏散是应急处置的关键环节，车站工作人员应配合消防、公安和医护人员做好人员疏散和紧急救助工作。总体来讲，城市轨道交通事故的应急处置应从以下五个方面组织开展。

一、建立“统一指挥、分工明确”的应急管理机制

从世界范围来看，尽管各国针对城市轨道交通事故采用的应急处置模式各有特色，但均建立了统一指挥、分工明确的应急管理机制，在一个核心机构的统一指挥协调下，各相关机构可以纵向对接、横向联动。1979

年，美国为加强突发公共事件的应急处置能力，将处理危机和负责救灾的多个机构重新组合，成立了联邦应急管理署（FEMA，Federal Emergency Management Agency），建立了一个包括指挥、控制和预警功能的突发事件处置系统，使得突发事件应急处置能力显著增强。

城市轨道交通事故灾难应急处置，应坚持“属地为主、分工协作”的原则，实行属地负责制。城市人民政府应设立城市轨道交通事故处置组织指挥机构，由城市人民政府牵头，交通运输、公安、消防、医疗、建设等部门以及市政工程、供水、供电、供气等公用事业单位共同参与，建立统一的抢险救援调度应急指挥系统。各部门应主动配合、密切协作、整合资源、信息共享、形成合力，保证及时准确传递信息、快速有效处置事故。城市轨道交通事故处置组织指挥机构可下设事故救援、通信信息、现场保护、后勤保障、医疗救护等若干小组，并制定详细的应急处置程序和方案，明确各小组应承担的任务和责任。

二、快速启动事故处置应急预案

及时启动应急预案是处置城市轨道交通事故的首要环节。城市轨道交通突发事件发生后，城市轨道交通运营单位应根据事故类型快速启动对应的应急预案，各部门和相关责任人应按预案进入工作状态。应急预案应包括以下内容：确定的领导、指挥机构和人员；报告程序和通信手段；应急物资、设备及技术保障；相关部门和救援人员的具体行动措施及职责划分等。应急预案除落实人员外，重点是设施设备及技术措施的保障。设施设备保障主要包括通信设备、照明设备、排烟设备、消防设备以及各类其他设施的启动机制和预案，并且在事故发生时，能够及时开启救援和疏散通道，保证救援人员、设施进入事发现场，保障乘客安全撤离。技术保障主要是当城市轨道交通系统发生突发事件时，应根据发生地的具体情况，及时启动行车、电力、环控调度相关应对措施。

城市轨道交通应急预案体系，还应包括公交运力调度应急预案。城市轨道交通发生事故时，通常会导致部分区间或全线运营中断。由于城市轨道交通系统客运量大，只有通过与地面公共交通的有力配合，才能快速将乘客从城市轨道交通系统疏散到地面公共交通系统。为加强城市轨道交通事故的处置能力，应加强公共汽（电）车、城市轨道交通的运营组织协调，制定公交调度应急预案，强化地面公共交通的应急疏散能力，迅速疏散滞留乘客，最大限度地保障城市交通的正常运营，降低对市民正常出行的干扰和影响。

此外，还应及时修订城市轨道交通系统应急预案。城市轨道交通运营单位及相关部门应根据事故发生后应急预案的效果、应急演练发现的问题，对应急预案内容进行修订和完善，使其针对性和可操作性更强。同时，应及时根据其他城市轨道交通系统发生的事故案例，不断完善应急预案体系，使预案层次更丰富、配置更合理、方案更明确，建立一套能够涵盖各种事故类型的应急预案体系。

三、坚持“先人后物”的应急处置原则

城市轨道交通环境封闭，尤其是地下空间有限，排烟困难，客流量大，发生火灾、爆炸等事故时逃生条件差，供逃生的时间有限，极易造成群死群伤。因此，乘客快速、及时的安全疏散，是城市轨道交通事故应急处置的最重要环节。城市轨道交通事故发生后，应坚持“先人后物”的原则，根据事故发生的地点和实际情况，分别启动车站站台、隧道区间等不同位置的乘客疏散方案，有秩序、有组织地疏散乘客，尽最大可能减少人员伤亡。此外，在疏散、救助被困人员的同时，现场处置人员还应注意保护自身和周围群众的生命安全，应根据现场实际情况配备专业防护设备，采取安全防护措施，严格执行应急人员进入和离开事故现场的相关规定。

此外，乘客也应注重培养安全意识和储备应急知识，重点做到以下两方面：一是进入城市轨道交通系统后，应注意观察各类设施布局，留意疏散通道和安全出口的位置；二是突发事件一旦发生，要密切留意列车及车站广播，听从广播和现场工作人员的指挥，沉着冷静、有序地按照指定的方向和路线进行疏散，不可情绪失控、乱冲乱撞，从而造成踩踏等次生事故的发生。

四、加强协同配合和应急指挥

城市轨道交通事故的救援，涉及城市轨道交通运营单位和交通运输、公安、消防、医疗、通信等多部门，应协同配合，共同处置。例如英国伦敦设有伦敦地铁紧急情况处理小组，专门负责爆炸、列车脱轨、列车冲突等突发事件的应急处置，并能够及时高效地与其他应急处理部门沟通配合。在2005年的伦敦地铁爆炸事故的应急处置过程中，正是伦敦地铁紧急情况处理小组与伦敦其他应急处理部门的协同合作，才使得救援工作有序展开，减低了事故影响。

城市轨道交通的事故处置，还需要城市轨道交通运营单位内部安全、运营、技术维修等部门之间的协调配合。例如北京地铁运营公司所属的供电公司设有专职消防抢险队，车辆一公司、车辆二公司、线路公司、通信信号公司、机电公司均设有专业抢险队，配有专用抢险车辆和救援工具备品。北京地铁运营公司还建立了“三位一体”的抢险救援机制，即现场职守人员迅速排查、处置的第一响应先期抑制险情，同时指挥中心值班调度利用手机短信平台迅速通报事故临近站点，兼职抢险人员和专业抢险救援队伍紧急赶赴现场救援，形成了以岗位自救和兼职与专业抢险救援队互补、协同配合的应急救援机制。

高效的应急指挥是城市轨道交通突发事件处理的核心。城市轨道交通突发事件发生后，应根据应急预案及其他规定，成立应急指挥部。应急指挥部一般应设在城市轨道交通调度指挥中心。应急指挥部应根据各部门、各车站上报的事故情况、影响范围以及其他信息，确认突发事件的性质、原因，做出正确判断，按照相关规定进行信息通报和传达，发布事故处置的相关指令，如：局部或全线的停运命令、安排疏散乘客指令、恢复运营指令等。为保障应急指挥的迅速有效，事故现场应实行总指挥负责制，总指挥根据应急指挥部指令以及现场实际情况，进行具体决策和处置。决策和处置命令一旦做出，现场的各个部门和人员必须严格服从。

五、及时发布准确的事故信息

城市轨道交通突发事件发生时，及时发布准确的信息是事故处置的重要保障。事故发生后，应及时发布三方面的信息。一是发布乘客引导信息，指引乘客安全疏散。应充分利用城市轨道交通系统内的广播系统、扩音设备、指示标志等信息传播手段，及时、准确发布诱导信息、疏散通道、安全出口、警示等信息，进行客流的分流和疏导。车站与列车广播要内容一致，保持同步，并应做到连续、及时、正确，防止客流冲突。二是发布交通诱导信息，避免大客流聚集。如城市轨道交通事故短时间内难以处置完毕，为避免大客流聚集，还应及时通过广播、电视、网络发布信息，提醒乘客及时避开事故发生区段，或改由其他交通方式出行，避免因出行者不了解情况向事发地点聚集。三是发布事故救援信息，通告事故救援进展情况。在城市轨道交通事故救援过程中，应通过电视、电台广播以及网络等媒体，及时发布事故的真实情况和救援进展信息，稳定社会情绪。

附录一　城市轨道交通主要事故表

火灾事故表　　附表1-1

时　间	国家城市	事故影响及伤亡情况
1903 年 8 月	法国巴黎	列车在运行中因设备故障起火，死亡 84 人
1971 年 12 月	加拿大蒙特利尔	列车与隧道端头相撞引起电路短路，引燃座椅起火，驾驶员死亡，36 辆车被毁
1973 年 3 月	法国巴黎	第 7 节车厢人为纵火，死亡 2 人，车辆被毁
1976 年 5 月	葡萄牙里斯本	列车牵引失败，引发火灾，死亡 2 人，4 辆车被烧毁
1978 年 10 月	德国科隆	丢弃的未熄烟头引发火灾，伤 8 人
1979 年 1 月	美国旧金山	电路短路引发大火，死亡 1 人，伤 56 人
1979 年 3 月	法国巴黎	车厢电路短路引发大火，伤 26 人，1 辆车被烧毁
1979 年 9 月	美国纽约	丢弃的未熄烟头引燃油箱，2 辆车燃烧，伤 4 人
1980 年 4 月	德国汉堡	车厢座位着火，伤 4 人，2 辆车被烧毁
1981 年 6 月	俄罗斯莫斯科	电路故障引发火灾，死亡 7 人
1982 年 3 月	美国纽约	传动装置故障引发火灾，伤 86 人，1 辆车被烧毁
1982 年 8 月	英国伦敦	电路短路引起火灾，伤 15 人，1 辆车被烧毁
1983 年 8 月	日本名古屋	地下街地铁站变电所整流器短路引起大火，持续 3 个多小时，3 名消防队员牺牲，3 名救援队员受伤
1983 年 9 月	德国慕尼黑	电路着火，伤 7 人，2 辆车被烧毁
1987 年 11 月	英国伦敦	国王十字车站未熄灭火柴梗引燃木质扶梯，引发站厅大火，死亡 31 人，伤 100 多人
1991 年 4 月	瑞士苏黎世	地铁机车电路短路，2 节车厢起火，紧急刹车时与另一列车相撞，伤 58 人
1995 年 10 月	阿塞拜疆巴库	电动机车电路故障引发火灾，死亡 558 人，伤 265 人
2000 年 4 月	美国华盛顿	区间隧道内电缆故障引发火灾，伤 10 多人，影响地铁运行 4 小时
2005 年 1 月	美国纽约	流浪汉在地铁通道内点火取暖煮食引起火灾，烧毁了一个信号室，使地铁 A 和 C 两条线路陷入瘫痪
2005 年 8 月	中国北京	地铁 1 号线一列列车由于排风扇电路老化短路在朝阳门站引发火灾，事故没有造成人员伤亡，停运近 50 分钟
2006 年 7 月	美国芝加哥	地铁最后一节车厢脱轨酿成火灾，造成 152 人受伤

续上表

时　间	国家城市	事故影响及伤亡情况
2010 年 6 月	美国芝加哥	北部环线“红线”因天气炎热导致保护地铁枕木的化学药剂引燃，造成 19 名乘客呛伤送医，其中 5 人伤势严重

爆 炸 事 故 表　　附表1-2

时　间	国家城市	事故影响及伤亡情况
1977 年 1 月 8 日	俄罗斯莫斯科	恐怖袭击，死亡 7 人，伤 40 多人
1977 年 11 月 6 日	俄罗斯莫斯科	恐怖袭击，死亡 6 人
1994 年 7 月 3 日	阿塞拜疆巴库	恐怖袭击，死亡 13 人，伤 42 人
1995 年 7 月 25 日	法国巴黎	恐怖袭击，死亡 4 人，伤 62 人
1996 年 6 月 11 日	俄罗斯莫斯科	恐怖袭击，死亡 4 人，伤 15 人
1997 年 12 月 24 日	俄罗斯莫斯科	恐怖袭击，无人员伤亡
1998 年 1 月 1 日	俄罗斯莫斯科	恐怖袭击，伤 3 人
2000 年 8 月 8 日	俄罗斯莫斯科	恐怖袭击，死亡 13 人，伤 90 多人
2001 年 2 月 6 日	俄罗斯莫斯科	恐怖袭击，伤 15 人
2004 年 2 月 6 日	俄罗斯莫斯科	恐怖袭击，死亡 50 人，伤 130 多人
2004 年 3 月 11 日	西班牙马德里	恐怖袭击，死亡 201 人，伤 1500 多人
2004 年 8 月 31 日	俄罗斯莫斯科	恐怖袭击，死亡 10 人，伤 51 人
2005 年 7 月 7 日	英国伦敦	恐怖袭击，死亡 52 人，伤 700 多人
2010 年 3 月 29 日	俄罗斯莫斯科	恐怖袭击，死亡至少 41 人，伤 60 多人
2011 年 4 月 11 日	白俄罗斯明斯克	恐怖袭击，死亡 12 人，伤 200 多人

毒 气 事 故 表　　附表1-3

时　间	国家城市	事故影响及伤亡情况
1995 年 3 月 20 日	日本东京	恐怖袭击，死亡 12 人，14 人终身残疾，5500 余人中毒，1036 人住院治疗

纵 火 事 故 表　　附表1-4

时　间	国家城市	事故影响及伤亡情况
2003 年 2 月 18 日	韩国大邱	地铁 1 号线中央路车站纵火，死亡 198 人，伤 146 人
2004 年 1 月 5 日	中国香港	尖沙咀站和金钟站的过海隧道内纵火，14 人受轻伤

列车相撞事故表 附表1-5

时　间	国家城市	事故影响及伤亡情况
1996年1月6日	美国华盛顿	凉荫丛站，死亡1人
1996年6月5日	美国纽约	J线、M线威廉斯堡大桥，死亡1人，伤69人
1999年8月23日	德国科隆	伤67人，其中7人重伤
2004年10月31日	西班牙巴塞罗那	地铁3号线，瓦尔德博隆车站，伤50多人
2004年11月3日	美国华盛顿	伍德利公园－动物园/亚当斯摩根站，伤20人
2005年1月17日	泰国曼谷	国家文化中心站，伤200多人
2005年9月10日	西班牙巴伦西亚	1号线，皮坎亚车站，伤42人
2006年10月17日	意大利罗马	A线，维托里奥广场地铁站，死亡1人，伤236人
2007年7月30日	委内瑞拉加拉加斯	西部一线地铁，苏克雷广场站，死亡1人，伤12人
2007年11月9日	西班牙马德里	太阳门地铁站，伤22人
2008年10月30日	中国香港	轻铁751号、507号，屯门安定站、市中心站之间，伤27人
2009年5月8日	美国波士顿	帕克站，伤49人
2009年6月22日	美国华盛顿	112、214次列车，托腾堡站，死亡9人，伤52人
2009年7月18日	美国旧金山	轻轨L线和K线，伤48人，其中4人伤势较重
2009年9月9日	日本东京	地铁东西线，东阳站，无人员伤亡
2009年12月22日	中国上海	地铁1号线，富锦路站至上海火车站小交路折返段，多人受伤

脱 轨 事 故 表 附表1-6

时　间	国家城市	事故影响及伤亡情况
1982年1月13日	美国华盛顿	橘线，联邦三角站，死亡3人，伤25人
1991年8月28日	美国纽约	联合广场站，死亡5人，伤175人
2000年3月8日	日本东京	日比谷线，中目黑站，死亡5人，伤60多人
2000年6月21日	美国纽约	南行的B线列车，布鲁克林车站开往曼哈顿地地区，伤89人
2003年1月25日	英国伦敦	中央线地铁，伤32人
2006年7月3日	西班牙巴伦西亚	地铁1号线，死亡41人，伤47人
2006年7月11日	美国芝加哥	发生在克拉克湖站和大密尔沃基站之间的区段，伤152人
2007年1月7日	美国华盛顿	在维农山庄广场－会展中心站附近脱轨，伤23人

续上表

时　间	国家城市	事故影响及伤亡情况
2007年7月5日	英国伦敦	伯斯纳尔格林地铁站，伤37人
2008年6月25日	俄罗斯莫斯科	地铁9号线，弗拉德金诺站，伤9人
2009年5月12日	西班牙马德里	蒙克洛亚站，无人员伤亡
2009年12月20日	法国巴黎	C线快速地铁，伤17人
2010年2月12日	美国华盛顿	北法拉格特车站，无人员伤亡

停电事故表　　附表1-7

时　间	国家城市	事故影响及伤亡情况
1996年1月19日	中国北京	高压输电线被意外挂断致使停电，造成4组地铁列车在隧道中停运，2000多名乘客被困
2003年8月14日	加拿大多伦多、渥太华，美国纽约、克利夫兰、底特律	北俄亥俄州变电站发生事故引起线路跳闸，造成地铁系统瘫痪
2003年8月28日	英国伦敦	错误规格保险丝的安装致使自动保护设备被误启，造成伦敦近2/3地铁停运，约25万乘客被困
2005年5月25日	俄罗斯莫斯科	恰吉诺变电站发生火灾和爆炸引起大面积停电，造成43辆地铁停运，2万多名乘客被困
2007年10月23日	日本东京	供应电车电力的变电所出现问题致使停电，造成大江户线地铁72班电车停驶，9.3万人行程受到影响
2010年6月13日	中国上海	地铁3号线上海南站至漕溪路上行区间触网失电，造成正线运营中断57分钟
2010年10月18日	英国伦敦	五列地铁列车陷入停顿，2000多名乘客被困在隧道中近两个小时，4000余人的出行受到影响

踩踏事故表　　附表1-8

时　间	国家城市	事故影响及伤亡情况
1999年5月30日	白俄罗斯明斯克	地铁尼阿米亚站，死亡53人，伤250人
2008年3月4日	中国北京	地铁东单站，伤11人
2010年5月25日	中国深圳	华强路站，伤15人

乘客坠落站台事故表　　附表1-9

时　间	国家城市	事故影响及伤亡情况
2001年12月4日	中国上海	1号线人民广场站，死亡1人
2002年1月20日	中国北京	2号线车公庄车站，死亡1人

续上表

时　间	国家城市	事故影响及伤亡情况
2003 年 6 月 1 日	中国上海	1 号线人民广场站，死亡 1 人
2006 年 8 月 2 日	中国北京	1 号线国贸站，伤 1 人
2006 年 3 月 6 日	中国北京	1 号线公主坟站，伤 1 人
2006 年 10 月 18 日	中国北京	2 号线崇文门站，死亡 1 人
2006 年 10 月 23 日	中国北京	1 号线苹果园站，死亡 1 人
2008 年 1 月 11 日	中国北京	2 号线车公庄站，伤 1 人
2008 年 3 月 15 日	中国北京	2 号线东直门站，伤 1 人
2008 年 8 月 1 日	中国北京	2 号线长椿街站，伤 1 人
2008 年 10 月 11 日	中国北京	2 号线长椿街站，死亡 1 人
2008 年 10 月 30 日	中国北京	1 号线玉泉路站，伤 1 人
2009 年 7 月 17 日	中国北京	1 号线南礼士路站，死亡 1 人
2010 年 7 月 5 日	中国上海	2 号线中山公园站，死亡 1 人

自然灾害引发的事故表　　附表1–10

时　间	国家城市	事故影响及伤亡情况
1995 年 1 月	日本阪神	地震导致列车中断运营
2003 年 11 月	中国北京	大雪导致 13 号线中断运营约 2 小时
2005 年 8 月	中国上海	台风导致 1 号线中断运营约 2 小时
2007 年 7 月	中国重庆	雷击导致 2 号线中断运营 3 小时

设备故障事故表　　附表1–11

时　间	国家城市	事故影响及伤亡情况
2009 年 3 月	中国广州	地铁 3 号线中断运营超过 12 小时
2010 年 7 月	中国上海	地铁 2 号线车门故障，死亡 1 人

附录二 我国部分城市轨道交通运营管理法规

北京市城市轨道交通安全运营管理办法

第一章 总 则

第一条 为加强城市轨道交通安全运营管理，保障安全运营，维护乘客合法权益，根据本市实际情况，制定本办法。

第二条 凡在本市行政区域内从事与城市轨道交通安全运营有关活动的，均须遵守本办法。

本办法所称城市轨道交通是指地铁、轻轨等城市轨道公共客运系统。

第三条 城市轨道交通安全运营管理，坚持安全第一、预防为主、综合治理的方针。

第四条 市和区、县安全生产监督行政管理部门依照《中华人民共和国安全生产法》的规定，对本市城市轨道交通运营的安全生产工作实施综合监督管理。

市交通行政管理部门对本市城市轨道交通安全运营实施行业监督管理，指导运营单位落实安全运营措施，消除事故隐患，对城市轨道交通运营单位（以下简称运营单位）违反本办法的行为予以纠正并提请有关行政管理部门依法处理。

发展改革、规划、公安、消防、园林绿化、住房和城乡建设、市政市容管理等行政管理部门，依照各自职责对城市轨道交通安全实施监督管理。

第五条 城市轨道交通沿线的区、县人民政府应当做好本行政区域内城市轨道交通安全运营相关服务、保障工作，及时配合有关部门协调、解决有关问题。

第六条 运营单位应当依法承担城市轨道交通运营安全管理责任，加强运营安全管理，建立、健全安全运营责任制度，完善安全运营条件，确保安全运营。

第七条 市人民政府相关部门和运营单位应当采取多种形式，向社会公众宣传有关城市轨道交通安全运营的法律规定和安全知识，提高市民的安全意识。

任何单位和个人应当自觉维护城市轨道交通安全运营秩序，不得侵害国家财产和公民人身、财产安全，不得影响他人出行。

第二章 建设与运营的衔接

第八条 城市轨道交通工程的规划、建设，应当考虑安全运营的需求，并预留换乘和疏散空间。

城市轨道交通工程项目申请报告、可行性研究报告和初步设计中应当确定列车运行、调度指挥、运营辅助系统、安全防范和检查系统、维修保障系统、换乘和疏散系统、人员组织等内容，并经过运营安全评估，系统功能应当符合安全运营需要。

城市轨道交通工程建设单位在编制完成项目申请报告、可行性研究报告后，应当听取市交通行政管理部门的意见。市交通行政管理部门应当进行监督和指导。

第九条 城市轨道交通设备、设施的设计、安装、建造应当符合国家和本市规定的设计标准和技术规范。

其他工程与城市轨道交通相连接的，连接部分的设计应当符合城市轨道交通设计规范要求。

第十条 城市轨道交通工程完工后，建设单位应当向运营单位提供技术档案和相关资料，对设备、设施进行调试和安全测试，并会同运营单位组织试运行。试运行期不得少于3个月，并不得载客。

第十一条 城市轨道交通工程试运行合格的，建设单位应当依法办理规划、消防、土建、人防、供电、特种设备、工程档案、建筑节能、无障碍设施、环境保护设施和运营设备、设施等项目的验收。验收合格的，方可移交运营单位投入试运营。政府相关行政管理部门应当依照各自职责对验收过程进行监督管理。

试运营期间，运营单位应当按照设计标准和技术规范，对设备、设施运行情况和运营状况进行安全监测和综合验证，试运营期不得少于1年。试运营期满，设备、设施保持正常稳定运行状态，可以投入正式运营的，运营单位应当在投入正式运营30日前向市交通行政管理部门备案。

第三章　运营安全管理

第十二条　禁止在地面轨道线路上设置平面交叉道口和人行过道。禁止在地面轨道线路弯道内侧建造影响行车安全的建筑物、构筑物。禁止种植影响行车安全的树木。

已有树木影响城市轨道交通行车安全的，运营单位应当会同树木的所有者或者管理者制定解决方案，由树木的所有者或者管理者依法进行修剪或者移栽、更换树种。园林绿化、交通行政管理部门应当给予指导、协调，并加强监督管理。

第十三条　下列范围为城市轨道交通控制保护区：

（一）地下车站与隧道周边外侧五十米以内；

（二）地面和高架车站以及线路轨道外边线外侧三十米以内；

（三）出入口、通风亭、变电站等建筑物、构筑物外边线外侧十米以内。

区、县人民政府应当支持、督促有关部门依法加强对本行政区域内城市轨道交通控制保护区的监督管理，协调解决城市轨道交通控制保护区内影响轨道交通运营安全的问题。

第十四条　城市轨道交通控制保护区内严格控制下列可能影响安全运营的作业：

（一）新建、改建、扩建或者拆除建筑物、构筑物；

（二）敷设管线、挖掘、爆破、地基加固、打井；

（三）其他大面积增加或者减少载荷的作业。

确需进行前款规定的作业的，作业单位应当制定有效的安全防护方案，征得运营单位同意后，依法办理有关行政许可手续。有关行政管理部门应当根据经过论证的安全防护方案做出行政许可决定。

第十五条 经许可从事本办法第十四条第一款规定的作业的，作业单位必须落实安全防护方案，并委托专业机构对作业影响区域进行动态监测；出现危及运营安全的情形的，作业单位应当立即停止作业，采取补救措施，并报告许可作业的行政管理部门、市交通行政管理部门和运营单位。

第十六条 本办法第十四条第一款规定的作业跨越、穿越城市轨道交通设施的，作业结束后，作业单位应当会同运营单位评估作业对城市轨道交通运营安全产生的影响，并将评估结果报市交通行政管理部门备案。经评估影响运营安全的，作业单位应当立即采取措施，消除影响。

第十七条 城市轨道交通在不停运的情况下进行扩建、改建和设施改造的，运营单位应当制定有效的安全防护方案，并报市交通行政管理部门备案。

第十八条 地下管线敷设在城市轨道交通控制保护区内的，地下管线的所有者或者管理者应当加强管线的巡查、维护和管理，保障管线安全运行，避免影响城市轨道交通运营安全。

第十九条 市交通行政管理部门应当制定本市城市轨道交通安全运营服务标准。运营单位应当按照服务标准的要求，安全运送乘客。

第二十条 运营单位应当履行下列安全运营职责：

（一）建立健全安全运营责任制；

（二）组织制定安全运营规章制度和操作规程；

（三）保证本单位安全运营投入的有效实施；

（四）督促检查本单位的安全运营工作；

（五）建立安全运营风险评估和隐患排查治理制度；

（六）组织制定并实施先期应急处置方案和特殊情况下的运营组织方案；

（七）及时、如实报告运营安全事故。

第二十一条 运营单位的主要负责人和安全生产管理人员必须具备与运营活动相应的安全知识和管理能力。

第二十二条 运营单位应当对从业人员进行安全教育和培训，保证从业人员具备必要的安全运营知识，熟悉有关的安全运营规章制度和安全操作规程，掌握本岗位的安全操作技能。

运营单位工作人员应当履行下列安全管理职责：

（一）维护车站内秩序，引导乘客有序乘车，发生险情时，及时引导乘客疏散；

（二）及时劝阻、制止可能导致危险发生的行为，对劝阻、制止无效的，报告公安机关处置；

（三）发现事故隐患，及时报告。

第二十三条 运营单位的特种作业人员必须按照国家有关规定经过专门的安全作业培训，取得特种作业操作资格证书，方可上岗作业。

列车驾驶员应当遵守安全运营规章制度和安全操作规程，驾驶中不得从事与驾驶列车无关的活动。

第二十四条 城市轨道交通车辆地面行驶中遇有沙尘、冰雹、雨、雪、雾、结冰等气象条件时，应当按照预案和操作规程要求行驶。

第二十五条 运营单位应当按照国家和本市有关城市轨道交通设备设施的安全标准和技术规范，定期对包括车辆在内的安全系统进行检测、维修、更新和改造，保证良好的运行状态。

第二十六条 城市轨道交通车站站厅、站台、车厢、疏散通道内禁止堆放物品、卖艺、擅自摆摊设点以及其他影响通行和救援疏散的行为。

第二十七条 城市轨道交通车站、列车车厢内及轨道线路、隧道应当配置报警、紧急照明、防护、救援、灭火等设备，设备应当处于完好状态。

第二十八条 运营单位应当按照国家和本市有关标准规范在轨道线路、隧道及车站站台、站厅、疏散通道、出入口、通风亭、列车车厢内及其他运营场所的醒目位置设置保障城市轨道交通安全运营的各类导向、疏散、提示、警告、限制、禁止等安全标志；定期对各类安全标志进行检查和维修，保持完好。

第二十九条 电力、电信、供水等相关单位应当保证城市轨道交通运营用电、通讯、用水等需要。

第三十条 运营单位应当为乘客提供安全、便捷的客运服务，保障乘客的合法权益。

城市轨道交通运行过程中发生故障影响运行时，运营单位应当及时排除故障，恢复运行；无法恢复运行的，应当组织乘客疏散和换乘。

第三十一条 因气象、节假日、大型群众活动等原因引起客流量上升的，运营单位应当及时增加运力，疏导乘客。

第三十二条 禁止携带枪支弹药、管制器具以及爆炸性、易燃性、放射性、毒害性、腐蚀性等可能影响公共安全的物品进入城市轨道交通设施，对进入城市轨道交通车站人员的携带物品可以实施必要的安全检查措施。

实施安全检查措施期间，不接受安全检查的，车站工作人员有权拒绝其进入城市轨道交通车站；拒不接受安全检查强行进入城市轨道交通车站或者扰乱安全检查现场秩序，构成违反治安管理行为的，由公安机关依法处理。

公安机关应当制定城市轨道交通安全检查操作规范，对城市轨道交通安全检查工作进行指导、检查和监督，并依法处理安全检查中发现的违法犯罪行为。

第三十三条 安全检查人员实施安全检查时，应当遵守下列规定：

（一）佩戴工作证件；

（二）文明礼貌，尊重受检查人；

（三）严格执行安全检查操作规范；

（四）不得损坏受检查人携带的合法物品；

（五）发现禁止携带的物品和违法犯罪行为时，立即向公安机关报告。

第三十四条 进入城市轨道交通车站的人员应当遵守有关法律、法规、规章和城市轨道交通的相关管理制度，遵守公共秩序和社会公德，并应当遵守下列规定：

（一）接受、配合安全检查；

（二）遵守安全指示标志，听从工作人员指挥；

（三）候车时站在安全线内侧，乘车时先下后上；

（四）不得实施阻挡车门、屏蔽门的正常开启、关闭和其他影响列车正点停靠、驶离的行为；

（五）不得从事兜售物品、散发广告或者反复纠缠、强行讨要以及以其他滋扰他人的方式乞讨等影响乘车秩序的行为。

运营单位应当明示城市轨道交通的相关管理制度，发现第一款第（五）项行为的，应当及时予以劝阻；对于不听从劝阻，构成违反治安管理行为的，提请公安机关依法处理。

第三十五条 禁止下列危害城市轨道交通安全运营的行为：

（一）拦截列车；

（二）擅自进入轨道线路、隧道等禁止进入的区域；

（三）强行上下列车；

（四）向列车、机车、维修工程车以及其他设施投掷物品；

（五）损坏车辆、隧道、轨道；

（六）损害和干扰机电设备，架空电缆和通讯信号系统；

（七）翻越、毁坏隔离围墙、护栏、护网和闸门；

（八）非紧急状态下动用紧急或者安全装置；

（九）损坏、擅自移动安全标志；

（十）其他危害城市轨道交通安全运营的行为。

第四章　应急和事故处理

第三十六条 市交通行政管理部门应当会同政府有关部门及相关单位制定城市轨道交通突发事件应急预案，报市人民政府批准后实施。

第三十七条 运营单位应当制定城市轨道交通突发事件先期应急处置方案，报市交通行政管理部门备案。

第三十八条 运营单位应当完善应急处置设备的配备和管理，对工作人员进行应急处置培训，定期组织应急演练，提高先期应急处置能力。

第三十九条 遇有城市轨道交通客流量激增危及运营安全的紧急情况，运营单位有权采取限制客流的临时措施，确保安全运营。

第四十条 遇有自然灾害、恶劣气象条件或者发生突发事件等严重影响城市轨道交通运营安全的情形，采取其他措施难以保证城市轨道交通安全运营时，运营单位可以停止部分线路或者路段运营，但应当向社会公告，并报市交通行政管理部门。

第四十一条 城市轨道交通运营发生突发事件后，市人民政府相关部门、突发事件所在地的区、县人民政府以及电力、电信、供水等单位，应当按照相应应急预案的规定进行抢险救援和应急保障，尽快恢复运营。

第四十二条 城市轨道交通发生运营安全事故后，运营单位应当迅速采取有效措施，组织抢救，防止事故扩大，减少人员伤亡和财产损失，同时按照国家和本市有关规定报告政府有关部门。

第四十三条 城市轨道交通运营发生事故时，有关行政管理部门接到报告后应当立即派员赶赴现场，及时处置，尽快恢复运营，并按照国家和本市有关规定进行事故调查处理。

第四十四条 运营单位应当对运营过程中乘客的伤亡承担损害赔偿责任，但是伤亡是乘客自身健康原因造成的或者运营单位证明伤亡是乘客故意、重大过失原因造成的除外。

第五章　法律责任

第四十五条 违反本办法规定，有下列行为之一的，由市交通行政管理部门予以警告，责令限期改正，并可处1万元以上3万元以下的罚款；造成损失的，依法承担赔偿责任：

（一）违反本办法第十四条第二款规定，在城市轨道交通控制保护区内进行作业的作业单位未制定安全防护方案，或者未征得城市轨道交通运营单位同意的；

（二）违反本办法第十七条规定，城市轨道交通运营单位对轨道交通进行扩建、改建和设施改造时，未制定安全防护方案的。

第四十六条 运营单位违反本办法第二十条、第二十二条、第二十三条、第二十七条和第二十八条规定，并构成违反安全生产管理行为的，由安全生产监督行政管理部门依法处罚。

第四十七条 违反本办法第三十二条、第三十五条规定，并构成违反治安管理行为的，由公安机关依照《中华人民共和国治安管理处罚法》的规定予以处罚。造成城市轨道交通设备、设施损坏的，依法承担民事赔偿责任。

第四十八条 违反本办法，按照消防、规划、建设、园林绿化等有关法律、法规、规章规定应当予以处罚的，由有关部门依法处罚。

第四十九条 相关行政管理部门及其工作人员未依法履行城市轨道交通安全监督管理职责的，或者对依法应当查处的违法行为不予查处的，由上级机关责令改正，对责任人员依法给予行政处分；构成犯罪的，依法追究刑事责任。

第五十条 运营单位主要负责人及其工作人员未依法履行城市轨道交通安全生产监督管理职责的，由安全生产监督行政管理部门依法处理；构成犯罪的，依法追究刑事责任。

第六章 附 则

第五十一条 本办法自2004年6月1日起施行。

上海市轨道交通运营安全管理办法

第一章 总 则

第一条 （目的和依据）

为加强本市轨道交通运营安全管理，保障运营安全，维护乘客的合法权益，根据《中华人民共和国安全生产法》和《上海市轨道交通管理条例》（以下简称《条例》）等有关法律、法规的规定，结合本市实际情况，制定本办法。

第二条 （适用范围）

本办法适用于本市轨道交通的运营安全保障及其相关管理活动。

第三条 （监管部门）

市安全生产监督行政管理部门依照国家有关规定，对轨道交通运营安全实施综合监督管理。

市交通行政管理部门依照本办法负责职责范围内的轨道交通运营安全监督管理，其所属的市运输管理机构负责本市轨道交通运营安全的日常监督工作。

市发展改革、建设、公安等行政管理部门及各区（县）人民政府按照各自职责，协同实施本办法。

第四条 （运营单位）

轨道交通线路运营单位（以下简称运营单位）应当做好其运营范围内轨道交通运营安全的日常管理工作，并建立轨道交通运营安全控制体系，制定运营安全规章制度，落实安全责任，保证轨道交通运营安全。

第二章 安全设施与保护区管理

第五条 （建设单位的运营安全要求）

轨道交通项目建设单位（以下简称建设单位）在进行工程项目建设时，应当同步建设轨道交通安全监测和施救保障系统，并确保系统功能符合运营安全的需要。

轨道交通工程竣工验收合格后，建设单位应当将轨道交通线路竣工总平面布置图报市运输管理机构备案。

第六条　（安全设施）

运营单位应当按照国家和本市有关轨道交通安全设施、设备规范标准，在车站、车厢内设置以下安全设施、设备：

（一）报警、灭火、逃生、防汛、防爆、紧急疏散照明、应急通讯、应急诱导系统等应急设施、设备；

（二）安全、消防、人员疏散导向等标志；

（三）视频安全监控系统。

紧急情况下需要乘客操作的安全设施、设备，应当醒目地标明使用条件和操作方法。

第七条　（设施维护和整改）

运营单位应当对安全设施、设备进行日常维护和检测，并按照国家《地铁运营安全评价标准》的要求进行安全性评价，保证设施、设备的正常完好。

安全设施、设备规范标准发生变化的，运营单位应当及时对安全设施、设备进行调整。

安全设施、设备无法满足运营安全实际需要的，运营单位应当根据市运输管理机构的要求，及时对现有安全设施、设备进行整改。

第八条　（安全保护区）

轨道交通工程建设项目立项后，市交通行政管理部门应当按照《条例》第三十条的规定，划定轨道交通安全保护区的具体范围，并告知规划、房屋等相关行政管理部门。

在轨道交通安全保护区范围内进行《条例》第三十一条规定的作业内容的，规划、房屋等相关行政管理部门应当告知相关作业单位向市运输管理机构办理安全保护区审批手续。

第九条　（安全保护区内的作业管理）

轨道交通工程建设项目取得施工许可证后，建设单位应当对该轨道交通工程划定的轨道交通安全保护区实施安全管理。

作业单位应当按照经市运输管理机构审批同意的作业方案确定的时间进行施工，并采取相应的安全保护措施。作业单位未按照作业方案确定的施工期限开工的，应当重新向市运输管理机构办理作业方案的审批手续。

建设单位或者运营单位应当对作业单位在轨道交通安全保护区内的施工制定安全监督方案，并对施工的安全性进行日常监督。

第十条 （安全保护区外的施工管理）

在轨道交通安全保护区外进行建设工程施工，其工程施工机械可能跨越或者触及轨道交通地面车站、高架车站及其线路轨道的，施工单位应当采取必要的安全防护措施，不得影响轨道交通运营安全，并在施工前书面告知运营单位。

运营单位应当派员对施工现场进行安全检查。施工单位未采取安全防护措施或者施工过程中出现可能危及轨道交通运营安全情况的，运营单位应当要求施工单位立即停止施工并采取相应的安全措施，同时报告市运输管理机构。

第三章 安全运营管理

第十一条 （基本运营条件认定）

轨道交通工程竣工后需要投入试运营的，运营单位应当向市交通行政管理部门申请基本运营条件认定，市交通行政管理部门应当在运营单位提出申请后的30个工作日内，组织基本运营条件认定。

轨道交通工程符合基本运营条件的，经市交通行政管理部门报市人民政府批准后，可以投入试运营；不符合基本运营条件的，市交通行政管理部门应当将相关问题告知建设单位或者运营单位，并要求其在规定的期限内整改。

本市轨道交通基本运营条件的具体规范，由市交通行政管理部门会同市发展改革、建设行政管理部门制定。

第十二条 （从业要求）

运营单位应当按照国家和本市有关规定对从业人员进行安全培训和考核，确保从业人员具备相应的轨道交通运营安全知识和管理能力。

运营单位列车驾驶员应当进行不少于5000公里驾驶里程的培训，经考核合格后持证上岗；调度员、行车值班员应当进行不少于300小时操作的培训，经考核合格后持证上岗。

第十三条 （工作人员安全职责）

运营单位车站工作人员应当履行下列职责：

（一）维护车站内秩序，引导乘客有序乘车；

（二）发生险情时，及时引导乘客疏散；

（三）劝阻、制止可能导致危险发生的行为，对劝阻、制止无效的，移送公安部门处理；

（四）发现事故隐患，及时报告。

运营单位列车驾驶员应当履行下列职责：

（一）遵守列车驾驶安全操作规程；

（二）查看乘客上下列车情况，确保站台屏蔽门（安全隔离门）和列车车门安全开启和关闭。

第十四条 （乘客要求）

乘客除遵守《条例》以及《轨道交通乘客守则》等规定外，还应当遵守下列规定：

（一）不得携带超过规定体积标准的物品进站、乘车；

（二）不得携带自行车（含折叠式自行车）进站、乘车；

（三）不得携带猫、狗等宠物进站、乘车；

（四）不得在车站、车厢内使用滑板、溜冰鞋等器材。

运营单位应当加强对乘车秩序的管理。对违反前款规定的乘客，运营单位可以拒绝其进站、乘车。乘客拒不接受的，运营单位可以移送公安部门处理。

第十五条 （安全检查）

禁止乘客携带易燃、易爆、有毒、有放射性、有腐蚀性以及其他有可能危及人身和财产安全的危险物品进站、乘车。具体危险物品目录和样式，由运营单位按照规定，在车站内通过张贴、陈列等方式予以公告。

运营单位应当按照有关规定和标准，在车站内设置安全检查设施、设备，配备受过专业培训的安全检查人员，并按照规定对乘客携带的物品进行安全检查。

乘客应当接受和配合安全检查；拒不接受、配合安全检查的，运营单位应当拒绝其进站、乘车。

运营单位在安全检查中发现有危险物品的，应当立即采取防止危险发生的安全措施，并按照规定及时报告公安部门。

安全检查人员实施安全检查时，应当佩带安全检查证；未佩带安全检查证实施检查的，乘客有权拒绝检查。

乘客以外的其他人员进站、乘车的，应当遵守本条规定。

第十六条 （广告设施、商业网点的管理）

在车站内设置的广告设施和商业网点不得影响轨道交通运营安全。

除轨道交通车站规划布局方案确定设置的商业网点和设置在站台的自动售货机外，禁止在车站出入口、站台及通道设置商业网点。

运营单位应当加强对广告设施、商业网点的安全检查。广告设施、商业网点使用的材质应当采用难燃材料，并符合消防法律、法规、规章和技术规范的规定。

除紧急情况外，广告设施、商业网点应当在轨道交通非运营期间进行设置或者维护。

第十七条 （改扩建停运）

轨道交通进行改建、扩建或者设施改造，需要暂停轨道交通运营或者缩短运营时间的，运营单位应当制订安全防护方案并报市运输管理机构备案。运营单位应当在暂停轨道交通运营或者缩短运营时间10天前，通过车站及列车广播系统、告示以及媒体等方式向乘客履行告知义务。

轨道交通暂停运营或者缩短运营时间的，市运输管理机构应当做好安排和调度工作，确保乘客出行安全和便利。

第十八条 （检查整改）

运营单位应当加强对轨道交通运营安全的检查，及时消除运营安全隐患；难以及时消除的，运营单位应当采取安全防护措施，并制订专项整改方案。

运营单位应当将安全防护措施以及专项整改方案报市运输管理机构备案。

第十九条 （委托管理）

运营单位将涉及轨道交通运营安全的管理项目或者设施、设备委托给其他单位管理的，应当委托具有相应资质的单位。

运营单位应当对运营安全工作进行统一协调，并承担安全责任。

第二十条 （监督检查）

市安全生产监督、交通等相关行政管理部门应当依法对轨道交通运营安全情况实施监督检查。

市安全生产监督、交通等相关行政管理部门的执法人员实施检查时，应当将检查的时间、地点、内容、发现的问题及处理情况做好书面记录。

执法人员实施检查时，应当出示执法证件，不得影响轨道交通正常运营。

第四章 应急和事故处理

第二十一条 （应急预案的编制）

市安全生产监督、交通、公安等行政管理部门应当按照有关法律、法规以及本市突发事件总体应急预案的规定，在各自职责范围内编制本部门的轨道交通突发事件应急预案，并报市政府批准。

运营单位应当根据轨道交通突发事件应急预案，编制本单位的具体应急预案，并报市交通行政管理部门备案。

第二十二条 （应急处置）

轨道交通发生突发事件达到启动应急预案条件的，市交通行政管理部门应当按照规定启动相关应急预案，相关行政管理部门和运营单位应当按照国家、本市以及应急预案的有关规定处置突发事件。

突发事件处置完毕后，运营单位应当对涉及的轨道交通设施、设备进行安全性检查，确保设施、设备保持完好。

第二十三条 （事故处置）

运营单位应当合理设置事故救援点和配备救援人员。

轨道交通运营发生安全事故的，运营单位应当按照轨道交通运营安全事故处置的要求，立即组织抢救，减少人员伤亡和财产损失。

安全事故影响轨道交通运营的，运营单位应当通过车站及列车广播系统、告示或者媒体等方式及时告知乘客相关运营信息，做好乘客的疏散、转移工作。相关行政管理部门应当按照各自职责，赶赴事故现场进行处置，尽快恢复轨道交通的正常运营。

本市轨道交通运营安全事故处置规定，由市交通行政管理部门负责制定。

第二十四条 （限制客流量及停止运营）

发生轨道交通客流量激增等危及运营安全的情况时，运营单位可以采取限制客流量的临时措施，确保运营安全。

采取限制客流量的措施无法保证运营安全时，运营单位可以停止轨道交通部分区段或者全线的运营，并应当立即报告市交通行政管理部门。

运营单位采取限制客流量或者停止运营措施的，应当同时通过车站及列车广播系统、告示或者媒体等方式向乘客履行告知义务；轨道交通无法及时恢复正常运营的，运营单位应当为乘客出具延误证明，告知票款退还或者车票延期等注意事项，并做好乘客的疏散工作。

第二十五条 （信息报告）

轨道交通运行发生15分钟以上延误情形的，运营单位应当立即报告市交通行政管理部门，并在恢复运行后3日内将延误原因及处置情况书面报告市交通行政管理部门。

第五章 法律责任

第二十六条 （对建设单位的处罚）

建设单位违反本办法第五条第二款规定，未按照要求履行备案义务的，由市交通行政管理部门责令限期改正；逾期不改正的，处1000元以上3000元以下的罚款。

第二十七条 （对运营单位的处罚）

对运营单位违反本办法的行为，由市交通行政管理部门按照下列规定予以处罚：

（一）违反本办法第六条或者第二十三条第一款规定，未按照要求设置安全设施或者事故救援点及救援人员的，责令限期改正；逾期不改正的，处1万元以上3万元以下的罚款。

（二）违反本办法第十三条规定，未按照要求履行安全职责的，给予警告，并处3000元以上1万元以下的罚款。

（三）违反本办法第十六条规定，未按照要求设置、维护广告设施、商业网点的，责令限期改正；逾期不改正的，处1万元以上3万元以下的罚款。

（四）违反本办法第十七条第一款或者第二十五条规定，未按照要求履行告知或者报告义务的，处1000元以上3000元以下的罚款。

（五）违反本办法第十八条第一款规定，未按照要求履行安全检查义务或者采取安全防护措施、制订专项整改方案的，处1万元以上3万元以下的罚款。

第二十八条　（对施工单位的处罚）

施工单位违反本办法第十条第一款规定，未按照要求进行施工，影响轨道交通运营安全的，由市交通行政管理部门责令限期改正；逾期不改正的，处1万元以上5万元以下的罚款。

第二十九条　（委托处罚）

市交通行政管理部门可以委托市交通行政执法机构实施本办法规定的由市交通行政管理部门实施的行政处罚。

第三十条　（其他处罚）

违反本办法规定的行为，《条例》或者其他法律、法规已有处罚规定的，由相关行政管理部门依照其规定处罚。

第六章　附　　则

第三十一条　（参照执行）

磁悬浮交通的运营安全管理，参照本办法执行。

第三十二条　（施行日期）

本办法自2010年3月1日起施行。

深圳市地铁运营管理暂行办法

第一章　总　　则

第一条　为加强地铁运营管理，保障地铁的运营安全与服务质量，维护乘客的合法权益和地铁的运营秩序，根据有关法律、法规的规定，结合本市实际情况，制定本办法。

第二条　地铁的运营管理及其他组织和个人与地铁运营相关的活动，适用本办法。

第三条　本办法所称地铁，是指城市地下铁路公共客运系统，包括其延长的地面和高架部分。

本办法所称地铁设施，是指地铁交通的隧道、轨道、高架、车站（含出入口、通道和通风亭）、车辆、机电设备、通信信号系统和其他附属设施、设备，以及为保障地铁运营而设置的相关设施、设备。

本办法所称地铁运营单位（以下简称运营单位）是指依法具有地铁经营权的企业。

第四条　运营单位应当遵循安全第一的原则，提供规范、连续、高效、优质的地铁运营服务。

第五条　地铁票价实行政府定价。

第六条　市政府交通行政管理部门（以下简称市交通部门）是地铁运营的行业主管部门，履行下列职责：

（一）组织制定运营服务标准；

（二）监督运营单位履行安全管理等法定义务；

（三）监督检查运营单位提供的服务质量；

（四）组织对运营单位的运营情况进行评估；

（五）受理公众对运营单位的投诉；

（六）依法查处地铁运营管理中的违法行为；

（七）法律、法规、规章和市政府规定的其他职责。

市政府其他有关行政管理部门及地铁沿线各区人民政府按照各自的职责，共同做好地铁运营管理工作。

第七条 运营单位负责地铁运营的具体管理，履行下列职责：

（一）保障地铁运营服务质量；

（二）履行安全管理职责，保证地铁运营安全；

（三）按照规定设置、维修、更新地铁设施，保障地铁车站和车辆的环境卫生；

（四）维持地铁运营的正常秩序；

（五）法律、法规、规章规定的其他职责。

运营单位及其工作人员对危害地铁运营安全、妨害运营服务或者扰乱运营秩序的行为有权予以制止，并协助政府有关行政管理部门依法处理。

第八条 任何组织和个人应当遵守地铁运营有关管理规定，不得危害地铁运营安全与运营秩序，不得干扰地铁正常运营。

第九条 市政府设立地铁运营安全管理机构，负责维护地铁运营安全与运营秩序，并接受市交通、城管等有关行政管理部门的委托，对危害地铁运营安全、妨害运营服务或者扰乱运营秩序的行为实施行政处罚。

第二章 运营安全与设施保护

第十条 运营单位应当遵守有关安全生产法律、法规和规章的规定，建立健全各项安全运营制度和安全操作规程，加强地铁运营安全管理，保障地铁安全运营。

运营单位的从业人员应当按照安全运营制度和安全操作规程，履行本岗位安全职责。

第十一条 运营单位的主要负责人和运营安全管理人员应当具备与运营安全管理活动相适应的专业知识、技术水平和管理能力。

第十二条 运营单位应当定期对从业人员进行安全教育和培训，保证从业人员具备必要的安全运营知识，熟知安全运营制度和安全操作规程，掌握本岗位的安全操作技能。

按照国家规定应当具备相应上岗资格的人员，应当按照规定考核合格后持证上岗。

第十三条 运营单位应当按照国家、行业标准和技术规范要求，及时、妥善维护地铁设施，确保地铁设施的运行状态符合设计标准，满足安全、稳定和运营时段连续使用的要求。

运营单位应当书面记录地铁设施的设置、维修、更新情况并予以保存，定期向市交通部门报告。

第十四条 运营单位发现地铁运营存在安全隐患，应当采取相应的措施消除安全隐患。

市交通、公安及其他安全生产监督管理部门应当对地铁运营安全进行监督检查，发现安全隐患，应当责令运营单位采取相应的措施消除安全隐患。

第十五条 运营单位应当每两年组织相关检测单位和专家，对地铁运营的线路、系统进行全面的检测和安全评估，制定改进措施，并将评估报告和改进情况报告市交通部门。

第十六条 在地铁安全保护区范围内从事下列作业，应当符合安全保护区规划要求，并委托具有相应资质的专业机构对设计、施工方案或者作业方案进行地铁运营安全影响评估：

（一）建设建筑物、构筑物；

（二）从事爆破、打桩、顶进、抽水、钻探、挖掘作业；

（三）大面积取土等显著减少地铁地下设施载荷量的活动；

（四）架设电力、通讯线路，埋设电缆、管道设施，穿凿通过地铁交通路基的地下坑道；

（五）需移动、拆除和搬迁地铁设施的作业；

（六）大面积堆放物品等显著增加地铁地下设施载荷量危及地铁运营安全的活动；

（七）其他可能危害地铁设施安全的行为。

地铁安全保护区的范围按照市政府的规定执行，市政府可以根据地铁安全运营的要求和地质条件，并结合城市发展的客观状况予以调整。

第十七条 建设、施工单位在地铁安全保护区范围内作业，应当采取相应的安全保护措施保证地铁运营安全；未按照规定采取相应的安全保护措施，或者作业过程中危及地铁运营安全的，运营单位有权予以制止，要求建设或者施工单位采取相应的安全措施，并报告市政府有关行政管理部门。

第十八条 禁止下列行为：

（一）非紧急状态下动用地铁紧急或者安全装置；

（二）损毁地铁设施；

（三）干扰地铁通讯信号系统；

（四）堵塞地铁出入口、通道和通风设施；

（五）在地铁地面线路曲线内侧妨碍行车瞭望；

（六）攀爬或者跨（穿）越地铁围墙、栅栏；

（七）阻碍地铁列车运行或者进入地铁轨道或者隧道；

（八）在地铁出入口外侧 30 米内放置易燃易爆物品；

（九）在地铁出入口、通风亭、冷却塔外侧 5 米内堆放物品；

（十）其他危害地铁运营安全的行为。

第十九条 任何组织和个人发现有危害地铁运营安全的情况，应当及时报警或者向运营单位报告。

第三章 运营服务与运营秩序

第二十条 运营单位应当按照市交通部门制定的地铁运营服务标准及国家有关规定提供运营服务，保证运营服务的质量。

运营单位未经市政府批准不得中止或者终止运营服务。

第二十一条 运营单位应当按照规定设置服务设施、设备，保障出入通道畅通，保持车站和车辆卫生、清洁，保持服务标志明显、准确。

第二十二条 运营单位应当按照市政府批准的票价收费，并执行市交通部门统一制定的票卡制式标准。

第二十三条 运营单位可以根据有关法律、法规、规章和运营服务标准的规定，制定有关地铁运营管理规定，公布后予以实施。

第二十四条 运营单位应当根据运营服务标准确定行车密度与首末班车行车时刻。

列车因故延误或者调整首末班车行车时间的，应当及时向乘客告示。

第二十五条 运营过程中因运营单位的过错不能继续将乘客送往地铁票面目的站的，运营单位应当予以退票或者组织其他交通工具将乘客转运至目的站。

第二十六条 在地铁设施范围内活动的人员应当遵守地铁运营管理规定，并服从地铁工作人员的合理引导。

不遵守地铁运营管理规定的，运营单位可以拒绝其进站。

第二十七条 乘坐地铁应当持有效车票进站乘车，但按照规定可以免费乘车的除外。持单程票的乘客在出站时应当将车票交还。

运营单位可以查验乘客的车票，对未持有效车票的，运营单位可以按照单程总票价补收10倍的票款。

第二十八条 禁止携带以下物品和动物进站乘车：

（一）爆炸性、易燃性、毒害性、腐蚀性、放射性等物品；

（二）非法持有的枪械弹药和管制刀具；

（三）妨碍公共卫生的物品；

（四）动物；

（五）其他影响乘客人身安全或者运营秩序的物品。

运营单位可以对乘客携带的物品进行安全检查。

携带本条第一款规定的物品和动物进站乘车或者拒绝对其携带的物品进行安全检查的，运营单位有权拒绝其进站乘车。

第二十九条 在地铁车站、车厢范围内禁止下列行为：

（一）吸烟、随地吐痰、便溺、乱吐口香糖、乱扔杂物；

（二）涂写、刻画、擅自张贴；

（三）派发广告、卡片等经营性宣传品；

（四）擅自设摊、从事销售活动；

（五）乞讨、卖艺、躺卧；

（六）强行上下车；

（七）擅自进入有警示标志的区域；

（八）攀爬或者跨（穿）越地铁栏杆、闸机；

（九）其他违反地铁运营秩序的行为。

第三十条 在地铁交通车辆段和车站范围内设置广告、商业店铺或者敷设管线的，应当符合规划和市政府的有关规定，不得影响地铁交通正常的运输功能和服务功能。

第三十一条 电力、电信、供水等相关单位应当保障地铁交通的用电、通信、用水需要。

第四章 运营监管

第三十二条 市交通部门应当根据公众利益和运营服务的实际需要，并结合地铁运营的实际情况，制定和调整地铁运营服务标准。

制定和调整地铁运营服务标准应当举行听证，听取运营单位和公众的意见。

第三十三条 市交通部门应当每两年组织一次运营单位运营情况评估；出现严重的安全问题或者发生严重的运营异常时，市交通部门应当及时组织评估。

市交通部门应当根据评估情况编制评估报告，提出改进意见或者处置方案，并报告市政府；评估报告中有关服务标准执行情况的部分应当向社会公布。

运营单位应当根据改进意见予以改进。

第三十四条 市交通部门组织运营单位运营情况评估应当书面通知运营单位，运营单位应当配合评估并提供评估所需的相关资料。

第三十五条 市交通部门接到乘客投诉，应当及时调查、处理，并于接到投诉之日起10个工作日内予以答复。

运营单位应当建立乘客投诉及建议的接收渠道和处理、反馈机制，对乘客的投诉或者交通部门转办的乘客投诉，应当及时调查、处理并在10日内予以答复。

第五章　应急救援与事故处理

第三十六条　市交通部门应当会同有关行政管理部门及相关单位制定地铁运营突发事件应急预案，报市政府批准后实施。

运营单位应当制定地铁运营突发事件先期应急处置方案，报市应急指挥中心、交通、公安等部门备案。

第三十七条　地铁运营过程中发生自然灾害、安全事故或者其他突发事件时，运营单位应当按照突发事件先期应急处置方案组织疏散、排险、救援及采取其他应急处置措施，并按照规定报告事件发生地区人民政府及市政府有关部门。

市政府有关部门、事件发生地区人民政府及接到报告的有关单位应当按照突发事件应急预案采取应急行动。

第三十八条　发生地铁客流量激增危及运营安全的，运营单位应当及时调整运营方案；无法及时作出有效调整或者调整后仍然无法有效疏导客流的，运营单位应当采取限制客流的临时措施，确保运营安全。

第三十九条　发生自然灾害及其他突发事件，采取其他措施难以保证运营安全的，运营单位可以暂时停止全部或者部分站段运营，但应当向社会公告，并向市交通部门报告。

引起暂停运营的情形消失后，应当及时恢复运营。

第四十条　地铁运营过程中发生人员伤亡事故时，按照先抢救伤者、恢复正常运营，后处理事故善后事宜的原则处理。

第六章　法 律 责 任

第四十一条　运营单位违反有关法律、法规或者规章的规定未履行安全运营职责的，由市交通部门或者其他有关行政管理部门责令限期改正，依法处罚；对有关责任人员依法处理。

第四十二条　运营单位的服务质量或者服务设施达不到规定标准的，由市交通部门提出改进意见或者予以警告；拒不改进的，视情节轻重处以10000元以上30000元以下罚款；严重影响公众利益的，按照有关规定处理。

第四十三条 运营单位有下列行为之一的，由市交通部门责令限期改正；拒不改正的，视情节轻重处以1000元以上5000元以下罚款：

（一）未按照规定公布、公告或者告示有关事项的；

（二）拒不接受监督检查的；

（三）不按照本办法规定提交有关资料、报告的；

（四）不按照本办法规定处理投诉的。

第四十四条 违反本办法第十八条第（一）、（二）、（三）、（四）、（五）、（六）、（七）、（十）项规定的，由市交通部门责令改正，并处以500元以上1000元以下的罚款；构成治安处罚的，由公安机关依法处理；构成犯罪的，由司法机关依法追究刑事责任。

违反本办法第二十八条第（五）项或者第二十九条第（六）、（七）、（八）、（九）项规定的，由市交通部门责令改正，并处以 200 元以上 500 元以下的罚款。

第四十五条 在地铁安全保护区范围内作业违反本办法规定的，由市规划部门或者建设部门责令限期改正，依法处罚。

第四十六条 违反本办法第十八条第（八）项、第二十八条第（一）、（二）项或者第二十九条第（五）项规定的，由公安机关依法处罚。

第四十七条 违反本办法第十八条第（九）项或者第二十八条第（三）、（四）项规定的，由市城管部门责令改正，并处以100元以上500元以下的罚款。

第四十八条 违反本办法第二十九条第（一）、（二）、（三）项规定的，由市城管部门责令清理，并处以50元以上200元以下的罚款。

第四十九条 违反本办法第二十九条第（四）项规定的，由市城管部门责令改正，并按照占地面积每平方米处以1000元罚款。

第五十条 市交通、城管等有关行政管理部门对危害地铁运营安全、妨害运营服务或者扰乱运营秩序行为实施的行政处罚，可以委托地铁运营安全管理机构实施。

第五十一条 政府有关行政管理部门和运营单位的工作人员玩忽职

守、滥用职权、徇私舞弊的，依法给予行政处分；构成犯罪的，由司法机关依法追究刑事责任。

第七章　附　　则

第五十二条　本办法自2004年12月28日起施行。

参考文献

［1］Andrew Monaghan. The Moscow Metro Bombings and Terrorism in Russia ［J］. Research Paper, 2010, 59.

［2］Belarus Mourns Nemiga Victims ［J］. The Russia Journal,1996,6.

［3］Cabinet Office.http://www.cabinetoffice.gov.uk/ukresilience/response/recovery_guidance/case_studies/y2_london_bombings.aspx.

［4］54 Crushed To Death In Belarus ［EB/OL］. CBC News. http://www.cbsnews.com/stories/1999/05/31/world/main49163.shtml.

［5］Chicago Transit Authority. http://www.transitchicago.com.

［6］D. Fennell. Investigation into the King's Cross Underground Fire ［R］. The Stationery Office Books, 1988.

［7］National Transportation Safety Board. Derailment of Chicago Transit Authority Train Number 220 Between Clark/Lake and Grand/Milwaukee Stations Chicago ［R］. Railroad Accident Report. Illinois July11, 2006. NTSB/RAR-07/02, PB2007-916302.

［8］Factors Group Chairman's Factual Report［R］. http://www.ntsb.gov.

［9］FBI Moscow bombing. http://info.publicintelligence.net/FBImoscowbombing.pdf.

［10］Fire Precautions (Sub-surface Railway Stations) Regulations 1989 ［EB/OL］. http://www.opsi.gov.uk/si/si1989/Uksi_19891401_en_1.htm.

［11］James A.Southworth. Collision of Two WMATA Metrorail Trains Near Fort Totten Station ［BE/OL］. Opening Statement, June22,2009. http://www.ntsb.gov.

［12］Madrid Metro. http://www.metromadrid.es/en/index.html.

［13］Metro Metropolitan Area Transit Authority. http://www.wmata.com/index.cfm.

［14］Metrorail Safety. http://www.wmata.com/about_metro/docs/MetrorailSafety.pdf.

［15］Minsk Metro. http://minsk-metro.net.

［16］Moscow Metro. http://engl.mosmetro.ru.
［17］MTR 网站 . http://www.mtr.com.hk/chi/train/intro_index.html.
［18］Nation Master. http://www.statemaster.com/encyclopedia/11-March-2004-Madrid-train-bombings.
［19］Collision Involving Two New York City Subway Trains on The Williamsburg Bridge in Brooklyn. New York June 5, 1995［EB/OL］. National Transportation Safety Board Washington, D.C.20594. Railroad Accident Report. http://www.ntsb.gov/publictn/1996/rar9603.pdf.
［20］Nigel Roberts. Belarus［M］. Bradt Travel Guides. 2008, 8.
［21］Pangi, R. Consequence Management in the 1995 Sarin Attacks on the Japanese Subway System［J］. Studies in Conflict and Terrorism 25, 2002, 6:421-448.
［22］Patrick Horton, Simon Richmond, Mark Elliott, Steve Kokker. Russia & Belarus［M］. 2006.
［23］Patrick Stephens. Railway Disasters of the World: Principal Passenger Train Accidents of the 20Th Century［M］. London:Stephens Ltd., 1994.
［24］Derailment of Washington Metropolitan Area Transit Authority Train Near the Mt.Vernon Square Station［R］. Washington, D.C. Railroad Accident Report, January7, 2007. NTSB/RAR-07/03.
［25］Safety Study Fatigue, Alcohol, Other Drugs, and Medical Factors in Fatal-To-The-Driver Heavy Truck Crashes［EB/OL］.（NTSB/SS-90/01）http://www.ntsb.gov/publictn/1990/ss9001.htm.
［26］The Moscow Metro Security System［EB/OL］. http://en.rian.ru/infographics/20100416/158609713.html.
［27］The Niamiha Disaster in 1999［EB/OL］. http://www.demotix.com/news/303587/niamiha-disaster-1999.
［28］Thierry Lecomte. Safe and Reliable Metro Platform Screen Doors Control/Command Systems［J］.Lecture Notes in Computer Science,2008, 50:430-434.
［29］LU Safety Certification and Authorisation Document［EB/OL］. Transport

for London. http://en.rian.ru/infographics/20100416/158609713.html.

［30］UIC. Safety in Railway Tunnels:Recommendations for Safety Measures ［M］. Ernst Basler & Partners Ltd. October 2001.

［31］Workshop:Security of Mass Transportation［EB/OL］. http://www.bmbf.de/pub/WS_MT_Rojo.pdf.

［32］巴库地铁管理局 . http://www.metro.gov.az.

［33］北京地铁 . http://www.bjsubway.com/cczn/dtxlt.asp.

［34］北京地铁运营系统安全现状评价报告［R］. 2004.

［35］北京市城市轨道交通安全运营管理办法 . 北京市人民政府令 , 2004.

［36］北京市地下铁道设计研究所 . 世界城市轨道交通［M］. 北京：中国铁道出版社 ,1998.

［37］陈鼎榕 . 地铁火灾事故下的安全疏散［J］. 城市轨道交通研究 , 2003, 6(2):29–31.

［38］崔艳萍，唐祯敏，李毅雄 . 城市轨道交通安全管理体系研究［J］. 都市快轨交通 , 2005, 18(3):11–14.

［39］崔泽艳 . 城市地铁火灾的特点及防护措施［J］. 城市与减灾 , 2007(4):19–22.

［40］大邱地铁路线图［EB/OL］.http://www.daegu.go.kr/default.aspx.

［41］代宝乾 , 汪彤 . 国内外典型地铁事故案例分析及预防措施［C］. 全国安全评价理论与方法创新青年科技论坛论文集 .2006.

［42］地上堵车地下堵人：中秋前一日广州爆堵似春运［EB/OL］.http://nf.nfdaily.cn/nfdsb/content/2010–09/22/content_16123967.htm.

［43］地铁安全，人人有责——上海市地铁安全调查［R］.2003.

［44］地铁运营安全问题研究专题——火灾现状［EB/OL］.http://www.21its.com/Common/SpecialDetail.aspx?ID=2008032111044500078.

［45］地铁纵火案：反差缘自安全应急训练［EB/OL］.［2004–01–22］.http://finance.sina.com.cn.

［46］東京メトロ .http://www.tokyometro.jp/anshin/anzen/bousai/index.html.

［47］東京都交通局 . http://www.kotsu.metro.tokyo.jp/subway/kanren/safety.html.

[48] 杜宝玲．国外地铁火灾事故案例统计分析[J]．消防科学与技术，2007, 26(2):214–217.
[49] Ministry of Internal Affairs, MOI. http://eng.mvdrf.ru.
[50] 高石．东京地铁的防灾措施[J]．世界轨道交通，2008,12:58–59.
[51] 广州地铁遭遇最严重故障数万人上班迟到[EB/OL].http://auto.qq.com/a/20090322/000020.htm.
[52] 韩国将对全国地铁与429座隧道进行全面安全检查[EB/OL].http://news.sina.com.cn/w/2003-02-22/161656916s.shtml.
[53] 韩利民，李兴高，杨永平．地铁运营安全及对策研究[J]．中国安全科学学报，2004,14(10).
[54] 何建红．阿塞拜疆地铁火灾[J]．上海消防，1996(9):40–41.
[55] 洪若荣．关于地铁的安全疏散设计[J]．都市快轨交通，2007, 20(2):18–21.
[56] 华盛顿地铁追尾调查[EB/OL].http://www.21cbh.com/HTML/2009-6-24/HTML_H5PPF2WNARDP.html.
[57] 蒋雅君，杨其新．地铁防灾救援系统[J]．城市轨道交通研究,2004(1):13–18.
[58] 蒋雅君，杨其新．对地铁火灾防治的新认识[J]．城市轨道交通研究，2006(6):18–21.
[59] 金康熙．谁来保障地铁安全—韩国大邱地铁火灾的教训和启示[J]．中国减灾，2005(9):42–43.
[60] 李进．伦敦地铁金·克罗斯车站火灾的教训[J]．消防技术与产品信息，1993 (3):48–49.
[61] 梁龙蜀，邵卫卫．地铁运行安全第一——北京地铁东单站踩踏事件思考[J]．现代职业安全，2008,4(80):60–62.
[62] 梁舜云，陶晓荣，肖海健．地铁火灾事故分析及预防措施研究[J]．四川建筑，2009, 29(5):207–209.
[63] 林兵．由伦敦地铁连环爆炸案引发对我国城市安全应急体系的思考[J]．中国安全生产科学技术，2005, 1(5):72–75.

[64] 刘燕 . 国外大城市危机管理机制比较及其对上海的借鉴意义——以纽约、伦敦和东京为例［D］. 华东师范大学硕士论文 , 2007.

[65] 鲁文斋 . 伦敦地铁大火灾［J］. 山东消防 ,1999(4):16–17.

[66] 伦敦交通局 .Transport for London.http://www.tfl.gov.uk.

[67] 罗伯特·希斯 . 危机管理［M］. 北京 : 中信出版社 , 2001.

[68] 麦莎影响上海地铁隧道进水停运五小时［EB/OL］.http://news.sina.com.cn/c/2005-08-08/10186639437s.shtml.

[69] 毛保华 , 姜帆 , 刘迁 , 等 . 城市轨道交通［M］. 北京 : 科学出版社 , 2001.

[70] 毛保华 , 李夏苗 , 王明生 . 城市轨道交通系统运营管理［M］. 北京 : 人民交通出版社 , 2006.

[71] 孟正夫 , 任运贵 . 伦敦地铁君王十字车站重大火灾情况及其主要教训［J］. 消防科学与技术 , 1992 (3):34–37.

[72] 苗慧燕 . 地铁火灾的特点及扑救对策［J］. 安全 , 2008(9):49–50.

[73] 木下贤 . 东京地铁的安全对策［J］. 都市快轨交通 , 2007,6(20):20–23.

[74] 木子 . 炼狱之火 噩梦难除——韩国大邱地铁纵火案透视［J］. 湖南安全与防灾 , 2009(11):34–36.

[75] Metropolitan Transit Authority.http://www.mta.info.

[76] 裴岩 . 反恐背景下的地铁运营安全对策［J］. 城市轨道交通研究 , 2010,5:1–5,9.

[77] 气候地貌导致雷电频发 重庆轻轨穿上“防雷衣”［EB/OL］.http://house.focus.cn/news/2009-09-10/754119.html.

[78] 让过去告诉未来［R］. 北京地铁运营有限公司 , 2009.

[79] 上海地铁乘客被夹摔死引关注［EB/OL］.http://news.xinmin.cn/domestic/shehui/2007/07/17/803173.html.

[80] 上海地铁屏蔽门夹死人 网友质疑为何不装感应器［EB/OL］.http://news.online.sh.cn.

[81] 上海地铁屏蔽门正改进［EB/OL］.http://sh.xinmin.cn/shehui/2007/07/17/803462.html.

［82］上海地铁事故现场示意图［EB/OL］. 网易新闻［2007 年 7 月 17 日］.http://gd.news.163.com/07/0717/07/3JJ9CONI00360088.html.
［83］上海地铁坠轨事故专题［EB/OL］. 上海热线新闻中心 .http://news.online.sh.cn.
［84］生产安全事故和报告调查处理条例 . 中华人民共和国国务院令 , 2007.
［85］师晓权 , 蒋雅君 , 杨其新 . 我国城市地铁事故灾难应对体制评析［J］. 四川建筑 , 2007,27(2):223–227.
［86］宋有国 . 典型地铁恐怖爆炸袭击事件的紧急救援与防范启示［J］. 现代城市轨道交通 , 2008(5): 55–57.
［87］特大暴雨突袭山城［EB/OL］.http://news.sohu.com/20070719/n251135468.shtml.
［88］铁路行车事故处理规则 . 中华人民共和国铁道部 , 2000.
［89］王春青 , 樊建春 . 防止乘客进入地铁轨道的伤害事故［J］. 现代城市轨道交通 .2007,2:41–42.
［90］威廉·穆尼 . 芝加哥公共交通的过去、现在和未来［J］. 城市公用事业 , 2008, 22(3):4–6.
［91］文汇社评 : 总结经验防地铁纵火案重演［EB/OL］.http://paper.wenweipo.com/2004/01/06/PL0401060001.htm.
［92］西班牙大爆炸震惊世界［J］. 兵团建设 , 2004,4:37–38.
［93］香港地铁公司 2004 年年报［EB/OL］.http://www.mtr.com.hk.
［94］谢正光 . 北京地铁安全管理的探索与实践［J］. 现代城市轨道交通 ,2004,4:17–20.
［95］谢灼利 , 张建文 , 魏利军 , 等 . 地铁车站站台火灾中人员的安全疏散［J］. 中国安全科学学报 , 2004, 14(7):21–25.
［96］闫长安 . 巴库地铁 40 年［J］. 现代城市轨道交通 , 2008(3):81.
［97］杨立新 . 加强地铁车站防火灾设计措施的研究［J］. 铁道工程学报 , 2007(6): 90–92.
［98］张殿业 , 金键 , 杨京帅 . 城市轨道交通安全研究体系［J］. 都市快轨交通 , 2004, 17(4).

［99］赵成根. 国外大城市危机管理模式研究［M］. 北京：北京大学出版社. 2006.

［100］郑刚 . 华盛顿地铁追尾事故的分析与启示［J］. 现代城市轨道交通，2009,5:77-79.

［101］中秋前广州全城大堵似春运 交警全警疏导仍失效［EB/OL］. http://2010.163.com/10/0922/10/6H6A6UAU00863AUC.html.

［102］重庆佛图关大树砸中轨道轻轨全线停运 3 小时［EB/OL］.http://news.qq.com/a/20070718/000489.htm.

［103］重庆全国首制技术标准防轻轨遭雷击［EB/OL］.http://news.163.com/09/0910/11/5IRLP43L0001124J.html.

［104］周立新 . 地铁火灾乘客疏散的仿真分析［J］. 城市轨道交通研究，2009(6):30-32.

［105］周谧，王瑞东 . 劫难：地铁竟成地狱——解读韩国地铁纵火惊世惨案［J］. 山东消防，2003(4):5-9.

后记

Houji

为履行好指导城市轨道交通运营管理的职责，指导地方交通运输主管部门和城市轨道交通运营单位加强城市轨道交通运营管理工作，保障城市轨道交通的运营安全，交通运输部道路运输司在2009年4月份成立之初，就着手组织开展了城市轨道交通运营管理方面的研究，重点收集了国内外城市轨道交通发展历史上的典型事故情况，通过系统梳理和深入分析，编写成了《国内外城市轨道交通事故案例评析》一书，以期通过吸取各类已发生事故的经验和教训，有效预防类似事故的再次发生，提高城市轨道交通运营管理水平，增强应对城市轨道交通突发事件的应急处置能力。

在本书编写过程中，交通运输部科学研究院投入大量人力、物力、财力，在资料收集、书稿撰写、专家论证、文稿审核等方面，做了大量技术支撑工作，为高质量完成书稿作出了积极贡献。上海申通地铁集团有限公司和北京市地铁运营有限公司提供了国内城市轨道交通的安全运营情况和事故处置经验。同济大学孙章，北京交通大学毛保华，北京市地铁运营有限公司李广俊、齐书志，南京城市地铁实业集团有限公司黄维华，重庆市轨道交通（集团）有限公司周后强，中国安全生产科学研究院钟茂华，深圳巴士集团股份有限公司胡剑平等同志对完善书稿提出了宝贵意见。人民交通出版社为本书的编辑出版做了大量细致的工作。在此，对各有关单位的大力支持、对全体参编人员的辛勤工作表示衷心感谢。

交通运输部道路运输司